KB163649

위대한 힙합 아티스트

차례
Contents

랩의 대중화를 이끈 힙합의 개척자 – 런 디엠시

랩과 록의 크로스오버

힙합은 미국 흑인들의 문화이다. 흔히 '게토 라이프스타일 (ghetto lifestyle)'이라고 불리는 흑인들의 생활방식을 가리키는 말이자, 현재는 랩(rap)으로 대변되는 커다란 음악 갈래의 한 명칭이기도 하다. 힙합이 음악으로 표출된 대표적인 표현방식으로는 랩을 꼽을 수 있는데, 1980년대부터 뿌리내리기 시작한 초창기 랩은 뉴욕 빈민가 흑인들의 길거리 음악이었다. 가난으로 소외당한 허슬러(hustler)들에게 삶의 위안이 되어준 것이다. 그 시기 백인들은 "그것은 노래가 아니라 흑인들이 조잘거리는 말장난에 불과하다."며 랩을 '저질음악'으로 평가절

하했고, 또한 상대적으로 무시했다. 백인들의 귀에 멜로디가 없는 랩이 음악으로 들릴 리가 없었던 것이다.

1986년이 되면서 그런 상황은 완전히 뒤바뀐다. 우리나라에 조용필의 「허공」, 이문세의 「난 아직 모르잖아요」 등이 TV와 라디오에서 전파를 타던 그 무렵의 일이었다. 태평양 건너 미국에서는 크로스오버 랩 뮤직 하나가 팝 네트워크를 강타했다. 곡의 주인공은 아디다스 운동복과 검은색 중절모, 금목걸이 패션을 트레이드마크로 내세운 20대 초반의 흑인 젊은이들이었다. 뉴욕 출신의 랩 트리오 런 디엠시(Run-DMC)가 바로 그들이다.

런 디엠시가 팝 음악계에 모습을 드러낼 당시, 랩은 주류 음악계(mainstream)에서 그다지 환영받지 못했다. 그 즈음 랩은 흑인들의 전유물이나 다름없었기 때문이다. 비주류 언더그라운드에 머물던 일종의 하위 장르로서 다수 음악이 아닌 '소수 음악'에 불과했던 것이다. 런 디엠시의 등장은 그런 한계에 대한 도전이었다. 랩 역사상 최초로 빌보드 싱글 차트 Top 10에 진입한 「Walk This Way」의 상업적인 성공 덕분이었다. 흑인들의 초스피드 래핑과 백인들의 고출력 록 사운드가 한데 어우러진 이 곡은 차트 4위까지 오르며 대중들에게 큰 인기를 끌었다. 신선하고 참신했던 반면에, 한편으론 엉뚱하기 그지없던 랩과 로큰롤의 크로스오버는 훗날 '랩의 대중화'를 알린 첫 번째 신호탄이었다.

반격에 능한 나의 애인은 항상 덮개 아래에 숨어 있어. 내가 그녀의 아빠에게 얘기할 때야 비로소 그는 말했지. 넌 내 딸의 가슴에 관심 끊기 전에는 그 애를 볼일이 없을 꺼야. 그러면 확실히 여러 면에서 변하겠지. 난 치어리더를 만났지. 그녀는 정말 멋진 여자였어. 오, 추억에 잠길 수 있는 시간들. 그녀의 자매 사촌들과 사랑을 나누는 최고의 단계는 이렇게 작은 키스부터 시작하는 거야……

래퍼와 로커가 서로 호흡한 최초의 결과물로서 「Walk This Way」는 금새 주류 팝 신(scene)을 뒤흔들어 놓았다. 그리고 런 디엠시를 '제도권' 랩 가수로 당당히 끌어올렸다. 그 곡이 수록된 3집 음반 『Raising Hell』은 3백만 장 이상의 세일즈를 기록해 큰 성공을 거두었고, 이후 너도나도 그들의 랩에 흠뻑 빠져들었다. 이는 곧 스타덤에 오른 랩 아티스트 '히트 1호'가 등장하는 순간이었다.

「Walk This Way」의 오리지널은 로큰롤 밴드 에어로스미스(Aerosmith)의 1975년 음반 『Toys In The Attic』에 수록된 하드 록 넘버다. 에어로스미스는 1970년대 한차례 전성기를 구가한 이후 기력이 점차 쇠퇴하더니, 결국 1980년대 중반까지 깊은 겨울잠에 빠져들었다. 팀 내부의 불화와 히트송을 배출하지 못한 것이 치명적이었다. 하지만 그들은 슬럼프를 잘 극복하고 재기의 발판을 마련했다. 런 디엠시가 커버한 「Walk This Way」의 성공에 힘입어 녹슬었던 그룹은 화려한 부활을 알렸다.

훗날 밴드의 리드 싱어 스티븐 타일러(Steven Tyler)는 이렇게 회고했다. "처음에 난 우리와 함께 작업하자고 제안하던 런 디엠시의 의견이 다소 엉뚱하단 생각이 들었다. 우리 곡은 로큰롤이지 않는가. 그 곡이 흥미를 자아낼지 몰랐는데 결과는 예상 밖이었다. 그들은 정말 대단했다."

런 디엠시는 주류 팝 음악과의 크로스오버에 성공한 첫 번째 랩 아티스트로 기록된다. 그 이전까지 랩 가수와 록 가수의 만남이 없었으므로 두 유형 사이에 크로스오버를 처음으로 실현시킨 셈이다. 게다가 그들의 음악은 1980년대 '비주얼 쇼크'의 산물인 MTV에서 방송된 최초의 랩 음악이기도 했다. 그 무렵 음악을 즐기는 감상 포인트가 귀에서 눈으로 바뀌던 시점과 맞물려 큰 효과를 거두었다. 그 결과 1993년 록 음악 전문지 『롤링스톤』이 선정한 '뮤직 비디오 톱 100' 순위에 11위로 랭크됐고, 1999년 MTV가 뽑은 '위대한 뮤직 비디오 100곡'에서는 5위에 오르는 등 그 가치를 더했다.

무엇보다 곡의 진가는 그동안 '흑인들만의 리그'로 여겨지던 랩의 청취 범위를 백인 사회로 확장시켰다는 점이다. 1985년 곡 「King Of Rock」이 랩과 록의 화학적 결합을 먼저 시도했지만, 서구의 평단이 「Walk This Way」를 두고 더 높은 평가를 내리는 이유가 여기에 있다. 그 곡이 바야흐로 랩과 관련된 각종 히트 퍼레이드의 시작을 알렸기 때문이다.

가장 대중적인 랩 그룹

대다수 랩 가수들은 가장 존경하는 선배 아티스트로 런 디엠시를 꼽는다. 10대 시절부터 랩 가수로 활약한 엘엘 쿨 제이(LL Cool J)는 1985년 런 디엠시와의 투어 도중 그룹의 곡 「Can You Rock It Like This」를 부르며 헌사를 표했다. 또한 '뉴욕 힙합의 제왕'이란 거창한 칭호를 받기도 한 제이 지(Jay-Z)는 2001년 앨범 『The Blueprint』의 투어 즈음에 "내가 뉴욕 랩 신을 지배하기 위해서는 반드시 런 디엠시의 아성을 넘어야만 했다. 내가 여기에 있는 이유는 그들 때문"이라 말하기도 했다. 그 외에도 런 디엠시는 뉴욕의 근거지로 활동하는 수많은 랩 군단들, 요컨대 동부 힙합 커뮤니티(community)의 발전에 결정적 영향을 끼쳤다.

1982년 뉴욕 퀸즈에서 결성된 런 디엠시는 '랩의 계보'에 있어서 "가장 대중적으로 접근한 최초의 랩 그룹"이라는 역사적 의의를 지닌다. 그들이 등장하면서 랩은 대중성을 확보하기 시작했다. 랩이 아프리카계 미국인(Afro-American) 청중들로부터 벗어나 다수의 미국인들이 공감하고 즐길 수 있는 대중성을 확보하는 데 그들은 견인차 역할을 했던 것이다.

1964년 생으로 팀의 리더를 맡은 조셉 시몬즈(Joseph Simmons, Run)와 그의 고교 동창생인 대릴 맥다니엘스(Darryl McDaniels, DMC)는 고등학교를 졸업하자마자 그룹을 출범시킨다. 그 후 유년 시절부터 친구였던 한 살 어린 제이슨 미젤(Jason Mizell)

을 끌어들여 3인조라는 라인업을 갖춘다. 특히 제이슨은 스크래치 턴테이블 실력이 탁월해 스테이지에서 잼 마스터 제이 (Jam Master J)라는 이름으로 불렸다. 그것이 나중에 디제이 (DJ)로서 그의 명함이 된다.

특히 조셉의 형인 러셀 시몬즈(Russell Simmons)는 1984년 프로듀서 릭 루빈(Rick Rubin)과 함께 힙합 전문 레이블 '데프 잼(Def Jam)'을 설립한 유명한 인물이다. '데프 잼'이 런 디엠시를 위시한 엘엘 쿨 제이, 비스티 보이스(Beastie Boys), 퍼블릭 에너미(Public Enemy) 등 쟁쟁한 랩 스타들을 배출한 랩 역사상 가장 영향력 있는 레이블로 평가 받는다는 점은 런 디엠시의 위상을 간접적으로 말해 주는 대목이다. 현재는 힙합을 대표하는 레이블이 많이 생겨났으나, 랩이 대중성을 확보하기 이전까지만 하더라도 '데프 잼'의 파워는 실로 막강했다.

그렇다면 런 디엠시가 미국인들이 가장 좋아하는 랩 그룹으로 첫 테이프를 끊을 수 있었던 요인은 무엇이었을까? 이는 동시대에 활약한 일련의 랩 가수들과는 확연히 달랐던 대중 지향의 랩 음악 주조를 들 수 있다. 그것이 가능했던 이유는 그들의 출신 성분이 갖는 차별성 때문이다.

조셉은 미국의 일간지 『LA 타임스』와 가진 인터뷰에서 자신들의 성장 배경이 중산층이라는 점 때문에 자신들의 음악에도 긍정적인 사고가 드러날 수 있었다고 피력했다. 많은 랩 스타들이 빈민가 출신이라 사회에 대한 분노와 마약, 섹스, 폭력 등 과격하고 선정적인 가사를 노래하는 것과는 달리 런 디엠시의 음악은 그런 저질적인 담론과는 거리가 멀다는 것이다. 조셉의 주장은 다음과 같다.

"대다수 부모들은 랩 가사가 주로 교육적이지 못하거나 부정적이고 선동적인 메시지가 강하다며 자식들에게 그걸 듣지 못하도록 강요한다. 전혀 그렇지 않다. 랩에 긍정적인 면이 없다는 것은 모순이다. 우리는 중산층 가정환경에서 자라나 올바른 교육을 받으며 성장했고, 매사에 항상 정직하고 신의를 잃지 않으려고 노력한다. 우리 노래에서 그런 걱정은 불필요한 것들이다."

힙합의 개척자

한동안 슬럼프를 겪던 런 디엠시가 종교적 귀의를 외친 6집 『Down With The King』을 들고 돌아온 1993년 4월 『뉴욕 타임스』지는 "그들은 지난 10년 동안 랩 음악 발전에 가장 기여한 인물이며, 다가오는 10년도 그들의 사운드와 스타일이 크게 영향을 끼칠 것"이라고 보도했다. 1990년대는 다양한 랩 스타들의 출연으로 '힙합의 춘추전국시대'를 방불케 하던 시기였다. 하지만 그들의 영향력은 끊임없이 회자됐다.

사실 런 디엠시가 출연하기 이전에도 랩을 연구하고 발전시킨 선구자들은 상당수 존재했다. 그렇다면 그들은 누구였을까? 초기 랩의 태동은 1976년으로 거슬러 올라간다. 뉴욕의 할렘(Harlem), 남부 브롱스(Bronx) 클럽 등지를 토대로 디제이로 활약한 쿨 허크(Kool Herc), 커티스 블로우(Kurtis Blow), 그 랜드마스터 플래시(Grandmaster Flash), 멜르 멜(Melle Mel), 아 프리카 밤바타(Africa Bambaataa) 등 소수의 혁신자들에 의해 그 탄생을 알렸다. 당시 미국 사회에서는 디스코 음악의 열풍 이 불었다. 그래서 초창기 랩은 디스코 혹은 브레이크 댄스와 결합된 춤추기 좋은 일종의 파티 음악으로 발전했다. 당연히 요즘 힙합과는 많은 차이를 보였다.

1970년대 말을 지나 1980년대로 접어들면서 랩을 활용한 연주와 퍼포먼스는 퀸즈와 브룩클린 지역으로 확산되었다. 최 초의 상업적인 랩 싱글로 기록되고 있는 랩 그룹 슈거힐 갱 (Sugarhill Gang)의 1979년 작품 「Rapper's Delight」라든지, 메 이저 레코드사와 계약한 최초의 랩 음반인 커티스 블로우의 셀프 타이틀 데뷔 앨범(1980년)도 그때 가서야 비로소 첫 선을 보였다. 그후 후디니(Whodini), 팻 보이스(The Fat Boys), 쿨 모 디(Kool Moe Dee)와 런 디엠시 같은 제2세대 랩 아티스트들이 수면 위로 부상하는 전기가 마련되었다.

그렇다면 그들 가운데 런 디엠시를 힙합의 개척자로 보는 이유는 분명히 있을 듯싶다. 그것은 사회 비판적인 가사에, 참 신한 래핑까지 기술적으로 구사한 완벽한 랩이 탄생된 시기를 그들의 등장 이후로 보기 때문이다. 그들은 낡은 턴테이블로 아날로그 사운드를 주조하던 '올드 스쿨(Old School)' 방식에서 벗어나 전자악기 중심의 고급스럽고 세련된 음(音)의 확장이 가능했던 '뉴 스쿨(New School)'의 진화를 불러왔다. 이른바 샘플러가 등장한 뉴 스쿨 혁명의 전환기에 중추적인 역할을 담당한 것이다. 1990년대 힙합이 다양화되면서 주류로 급부상한 계기도 디지털 레코딩과 샘플링의 비약적인 발전이 있었기에 가능했다. 힙합 역사에서 그들을 두고 올드 스쿨 랩과 뉴 스쿨 랩의 대척점에 위치한 최초의 하드코어(hard core) 랩 그룹으로 규정하는 이유도 여기에 있다.

런 디엠시가 힙합의 개척자로 평가받는 또 다른 요인은 랩 아티스트 중 기존 형식을 파괴시킨 '퓨전(fusion)' 양식을 가장 먼저 시도했기 때문이다. 1969년 전설적인 재즈 트럼펫 주자, 마일즈 데이비스(Miles Davis)는 재즈와 록을 접목한 걸작 앨범 『Bitches Brew』를 내놓는다. 그 후로 퓨전의 역사는 다양한 장르와 소리 창조를 시기적으로 앞당겼다. 그런 측면에서 마일즈 데이비스가 재즈계의 첫 번째 퓨전 아티스트라면 힙합계에서는 런 디엠시야 말로 음악적인 변화와 문화적인 충격을 가져다 주며 장르 붕괴를 선언한 최초의 랩 아티스트였다.

백인 사회를 향한 그들의 음악적인 도전은 결국 전통의 록 전문지인 『롤링스톤』 최초로 힙합 아티스트 표지 모델이 되면서 소기의 성과를 거두었다. 현재는 주류 팝의 대세가 흑인음악으로 기울어진 시기라 『롤링스톤』지에서 힙합 아티스트들을 소개하는 것은 흔한 일이 되었지만, 1980년대 보수 정치를 내세운 레이건 시대에 흑인 가수들은 거의 찬밥 신세였다. 오죽했으면 역사와 권위를 가진 그래미 어워즈(Grammy Awards)에서 '베스트 랩 퍼포먼스(Best Rap Performance)' 부문을 시작으로 랩과 관련된 상이 1989년 제31회 시상식에 가서야 만들어졌을까. 랩이 진정한 음악 장르로 자리 매김하는 데 그만큼의 시간이 걸린 셈이다.

서구의 비평계는 '랩의 비틀스'라 평가할 만큼 런 디엠시를 힙합의 중추적인 인물로 본다. 그들의 랩을 비틀스의 로큰롤과 닮은꼴로 비교하고 있는 것이다. 즉, 엘비스 프레슬리에 의해 로큰롤이 탄생된 1954년부터 이후 1961년에 이르는 기간은 초기 로큰롤의 근간이 확립된 시기이다. 이 시기는 '비틀마니아'가 대두되기 이전으로 엘비스뿐만 아니라 척 베리(Chuck Berry), 리틀 리차드(Little Richard), 칼 퍼킨스(Carl Perkins) 등 로큰롤 명인들이 활약한 시대다. 하지만 비틀스가 등장하면서 로큰롤의 모든 것이 뒤바뀌었다. 로큰롤 혁명이 불어 닥친 것이다. 런 디엠시를 비틀스와 동등한 시각에서 본다면 그랜드마스터 플래시, 커티스 블로우, 슈거힐 갱 등은 초기 로큰롤 가수와 엇비슷한 입장이다. 그들은 단지 랩을 만들어 내는 데 불과했으나 런 디엠시의 진가는 비틀스가 훗날 로큰롤을 지배했듯이, 랩의 대중성 확보와 후대 랩 뮤지션들에게 지대한 영향을 끼쳤다는 점에서 찾을 수 있다. 로큰롤에 대한 비틀스의 위상만큼이나 힙합 필드(field)에서 런 디엠시의 후폭풍도 위력적이었다.

랩 록, 세기말의 코드

1987년 3월은 바야흐로 랩 역사상 중요한 전환점으로 기록되는 날이다. 빌보드 앨범 차트 정상의 자리에 백인 랩 트리오 비스티 보이스의 데뷔작 「Licensed To Ill」이 엉뚱하게도 모습을 드러냈다. 랩이 최초로 제도권 팝 꼭대기를 정복한 놀라운 일이 벌어진 것이다. 먼저 발표되어 개혁의 바람을 일으킨 런 디엠시의 『Raising Hell』이 지원 사격한 비스티 보이스의 1집은 결국 미국에서만 8백만 장 이상 팔려나가는 매머드 세일즈를 거뒀다.

그해 여름, 함께 투어 길에 오른 런 디엠시와 비스티 보이스는 백인 군중들을 앞에 두고 마치 록 공연이 연상되는 강렬하고 힘찬 랩 퍼포먼스를 펼쳐 보였다. 2004년 6월『롤링스톤』지는 그 장면을 '로큰롤 역사를 뒤바꾼 50가지 순간' 중 하나로 선정했다. 이후 매스컴에서 "랩이 백인 청중들을 정복했다."라는 기사를 내보낼 정도로 흑인 진영과 백인 진영을 대표하던 두 랩 그룹의 합동 공연은 파격적이고 획기적인 사건이었다.

런 디엠시 효과는 급기야 '랩 록' 나아가 '랩 메탈'이라는 신종 장르의 탄생을 낳았다. 더불어 록 음악 지지자들의 랩 추종 세력을 양산하는 계기도 마련했다. 그들의 가장 큰 매력은 백인 록 뮤지션들에게도 음악적 자양분을 제공했다는 점이다. 비스티 보이스의 성공도 런 디엠시가 열어준 길이었다.

1980년대 후반 본격적인 랩 메탈을 연주하고 노래했던 페이스 노 모어(Faith No More)의 보컬리스트, 마이크 패튼(Mike Patton)은 매스컴에서 런 디엠시를 극찬한 바 있다. "런 디엠시의 등장은 내게 충격이었다. 만약 런 디엠시가 없었다면 우리의 히트 싱글 'Epic'도 존재하지 않았을 것이다. 난 런 디엠시가 백인 사회에 끼친 위대한 결과를 잘 알고 있다. 흑인들이 강하고 무한한 가능성의 인종이라는 것을 그들을 통해 다시금 깨달았다. 내가 가장 좋아하는 랩 그룹은 런 디엠시이며 그들의 음악은 정말 날 흥분시킨다."

런 디엠시 이후로 랩 록(메탈)은 급속도로 각광받았다. 평단에서도 "그들 트리오가 없었다면 하우스 오브 페인(House Of Pain)이나 키드 록(Kid Rock) 같은 하드코어 랩 스타들은 존재하지 않았을 것"이라고 평했다. 심지어 1993년 영화 「저지먼트 나이트 Judgement Night」 사운드트랙에서는 드 라 소울(De La Soul), 사이프러스 힐(Cypress Hill), 오닉스(Onyx) 같은 랩 그룹들과 바이오헤저드(Biohazard), 소닉 유스(South Youth), 펄 잼(Pearl Jam) 등의 록 밴드들이 만나 협연을 펼치기도 했다.

특히 1990년대 주류를 장악한 하드코어 밴드 콘(Korn)의 리더 조나단 데이비스(Jonathan Davies)는 런 디엠시의 모방 패션인 아디다스 운동복을 즐겨 입어 눈길을 끌었다. 단지 일회성에 그쳤던 랩과 록의 퓨전이 그 뒤로 흔하게 시도되었다는 점은 런 디엠시의 실험주의가 끼친 파급력을 잘 말해 준다. 세기말에 즈음해 유행 코드로 인기를 끈 장르는 의심할 여지없이 랩 록이었다.

마지막 스토리

2002년 10월 30일, 당시 37세의 잼 마스터 제이는 뉴욕의 녹음실에서 정체 불명의 괴한이 쏜 총에 맞아 사망했다. 그의 죽음은 다시금 팝 음악계의 총체적인 위기와 안보 의식을 촉발시켰다. 그것은 1980년대 말부터 랩 세계에 끊임없이 회자되던 폭력의 순환이 영원히 끝나지 않았음을 암시하는 커다란 비극이었다.

힙합 팬들은 또 다시 충격에 휩싸였다. "힙합도 이제 사망하는 것이 아니냐!"는 우려의 목소리가 곳곳에서 불거졌다. 빅 대디 케인(Big Daddy Kane), 펑크마스터 플렉스(Funkmaster Flex) 등 몇몇 랩 아티스트들은 뉴욕의 리디오 방송국에서 그를 추모했다. 8년 만에 내놓은 앨범 『Crown Royal(2001년)』과 베스트 앨범 투어를 성공리에 치른 그룹이 결성 20주년을 기념하는 음반 제작과 공연 계획을 준비하고 있던 터라 팬들은 쓴 눈물을 삼켜야만 했다.

11월 5일 거행된 제이의 장례식 추모 행렬에는 힙합계 거물 인사들과 후배 가수 등 2천3백여 명이 참석해 그의 죽음에 애도를 표했다. 그 날은 런 디엠시가 흑인음악계 후배들에게 가장 존경받는 '랩의 전설'임을 다시 한번 입증했다.

잼 마스터 제이의 죽음으로 런 디엠시는 결국 은퇴를 선언했다. 조셉은 "우리는 더 이상 에어로스미스, 키드 록과 강행해 온 투어 일정을 소화해낼 수 없다. 록 밴드들이 드러머를

교체할 수는 있어도 우리에게 오리지널 세 멤버가 함께 하지 못한다는 것은 팀이 존재할 필요조차 없는 것이다. 그 누구도 제이의 빈자리를 대신할 수는 없다."며 그룹의 마지막을 고했다. 대릴의 심경도 마찬가지였다. "내 친구이자 오랜 파트너였던 제이를 잃은 나 또한 너무 슬프다. 그는 내게 가족과 같았다. 우린 어린 시절부터 함께 성장했고, 함께 먹고, 함께 잠들고, 함께 웃었다. 우리는 인생의 3분의 2 이상을 함께 살았다……음악 산업 전체를 통틀어 위대한 재능 하나를 잃었다. 난 항상 우리가 영원히 함께할 거라고 생각했다. 진실로 그가 그리울 것이다."

동료에 대한 런과 디엠시의 진한 우정의 표현이었다. 1970년대 '하드록의 제왕'으로 군림하던 레드 제플린(Led Zeppelin)이 드러머 존 본햄(John Bonham)의 사망으로 그가 없는 한 우린 더 이상 팀을 유지할 수 없다면서 밴드를 해체한 것과 같이 그들도 이제는 팝 역사의 한 페이지를 장식하게 되었다.

랩 가수 넬리(Nelly)는 "제이는 랩 역사의 한 부분"이라 강조했고, 퍼블릭 에너미의 척 디(Chuck D)는 "런 디엠시는 내게 비틀스와 같은 존재이자 지금의 퍼블릭 에너미를 있게 한 모델이었다."며 그들의 영향을 간접적으로 털어놓았다. 에어로스미스 또한 "우리는 「Walk This Way」를 연주할 때마다 매일 그를 떠올릴 것이다."라며 마지막 길을 추모했다.

프로듀서 릭 루빈은 『타임』지에서 "대중들이 랩을 즐기고 만끽하기 시작한 시기와 런 디엠시의 음악이 상승 곡선을 그리던 시점은 일치한다."고 분석했다. 그의 말처럼 런 디엠시의 가치는 지난 4반세기 힙합 역사에서 랩의 대중화를 몸소 실천한 개척 정신에 있다. 지난 20년간 랩에 대한 아낌없는 수고와 한결같은 애정을 보여주었기 때문에 가능했던 일이다. 2003년 VH1이 선정한 '위대한 힙합 아티스트 50인' 순위에서 그들은 당당히 1위를 차지했다.

정치적인 메시지로 랩의 가치를 되새긴 흑인 집단
– 퍼블릭 에너미

혁명을 외치던 음악 게릴라들

'전설의 혁명가' 체 게바라(Che Guevara)의 분신이 1992년 미국의 하드코어 밴드에 의해 고스란히 재현되었다. 정치적·혁명적 반체제의 기치를 내건 레이지 어겐스트 더 머신(Rage Against The Machine)이 그들이었다. 그룹명부터 '자본주의의 폭력과 부당성에 대항한 분노'를 내세운 그들 밴드의 음악 노선은 기존 체제를 완강히 거부하는 저항의 몸부림이었다. 팝 역사상 가장 정치적인 집단으로 이목을 끈 그들을 두고 매스미디어는 '음악 게릴라'라는 표현도 서슴없이 내뱉었다.

레이지 어겐스트 더 머신의 음악은 첨예한 메시지로 일갈

하면서 미국 사회의 부조리를 고발했다. 엘리트주의를 숭배하는 아메리칸 드림을 신랄하게 꼬집었고, 유색인종에 대한 편견과 비꼼에 대해 정면으로 투쟁하기도 했다. 또한 탐욕과 위선이 지배하는 자본주의를 '사악한 제국(Evil Empire)'에 비유하며 날카롭게 공격했다. 그런 급진적인 행동주의에 표본이 되어준 랩 그룹이 있었다. 그들은 바로 하드코어 랩 그룹 퍼블릭 에너미(Public Enemy)이다.

어느 누구라도 '정치(politics)', '혁명(revolution)'을 타이틀로 노래하는 한 어쩔 수 없이 퍼블릭 에너미의 채무자에 지나지 않는다. 이미 1980년대 후반에 등장하면서 그 부분에 있어서는 그 누구보다 우위를 점했기 때문이다. 당시 『워싱턴 포스트』지는 "랩으로 표출되는 퍼블릭 에너미의 이미지는 완벽한 테러리스트다. 이제껏 유례를 찾아보기 힘든 역동적인 가수의 등장이며 가장 과격하고 혁명적인 집단"이라고 보도했다.

퍼블릭 에너미는 흑인들의 권리를 수호하는 정치적인 랩 그룹이었다. 흑인들의 분노와 고통을 치료하는 것이 그들의 최우선 과제였고, 흑인들의 자긍심을 고취시키는 것이 그룹의 목표였다. 그들의 랩 가사에는 세상을 뒤바꾸겠다는 매우 육중하고 거친 어조의 '파워'를 지니고 있었다. 백인들이 지배하는 권력을 전면 부정했고, 정치에 대한 강경한 태도로 좌파적 시각을 고수했다.

퍼블릭 에너미의 음악은 '흑인들을 위한 흑인음악'이었다. 흑인들의 구색 갖추기에만 집중하던 이전의 랩과는 확연히 다른 노선을 걸었다. 일부 비평가는 "퍼블릭 에너미의 가치는 존 레논, 짐 모리슨, 밥 말리만큼의 영향력을 지닌다."고 평하기도 한다. 이데올로기와 이념을 앞세우며 흑인 민족주의를 강조한 것부터 요즘 가수와는 사뭇 다르다.

노랫말을 거의 대부분 담당하는 리드 싱어 척 디는 흑인 인권운동을 제창했다. 그는 "나는 흑인사회를 정말 인간다운 세상으로 만들기 위해 노래한다."라고 공공연히 밝혔다. 랩을 '흑인방송(Black CNN)'이라 비유하며 흑인사회를 억누르고 있는 병폐와 모순을 노래했다. 그 결과 1992년 『뉴스위크』지가 선정한 미국 사회의 여론과 가치관에 영향을 미치는 '문화 엘리트 100인'의 리스트에 팝 가수로서 당당히 포함되기도 했다.

리더 척 디 말고도 반(反) 유대 발언으로 논란을 일으키기도 했던 프로페서 그리핀(Professor Griffin)과 세컨드 래퍼로 활약하며 팀의 비주얼 측면을 부각시킨 플래버 플라브(Flavor Flav), 그리고 스크래치를 담당하는 디제이, 터미네이터 엑스(Terminator X)가 그룹을 구성하는 핵심 멤버로 하나같이 요주의 인물이다. 앨범 재킷 사진에 항상 완전 무장한 전투복 차림과 베레모를 착용한 군인으로 둔갑하는 그들의 모습은 백인사회와 보수 체제에 대응하는 '혁명 투사'를 연상시킨다. 금방이라도 전쟁터에 뛰어들 채비를 갖추고 있는 듯한 장면이다. 그들은 분명 랩으로 혁명을 외치던 이들이었다.

2004년 3월 『롤링스톤』지는 뮤지션과 저널리스트의 투표로 '역사상 가장 위대한 불멸의 로큰롤 아티스트 Top 50'을 선정 발표했다. 그 순위에서 퍼블릭 에너미는 44위를 차지해 힙합 아티스트로는 48위에 오른 런 디엠시를 재치고 파워 브랜드 넘버원을 과시했다. 퍼블릭 에너미의 존재와 음악에 무관심했던 사람들은 이 리스트를 받아보고 의외로 받아들일지 모른다. 수많은 실력파 아티스트들조차 50위권에 포함되기란 그리 쉬운 일이 아닌 걸 보면 더욱 그렇다. 그러나 랩 아티스트로서 퍼블릭 에너미가 최정상의 자리를 점한다는 건 명백한 사실이다. 지금은 디소 활동 빈경이 줄었으나, 전성기 그들의 존재는 '랩은 메시지의 음악'이라는 매우 중요한 사실을 처음으로 입증했기 때문이다.

1982년 뉴욕의 롱아일랜드에서 결성된 퍼블릭 에너미는 대학에서 미술을 전공하던 1960년생 척 디가 프로듀서 행크 쇼크리(Hank Shocklee)와 빌 스테파니(Bill Stephney)를 만나면서 그 시작을 알렸고, 그 셋은 힙합과 정치를 좋아한다는 공통분모에 서로 호감을 느껴 팀 결성까지 뜻을 모았다. '공공의 적'이란 뜻을 그룹명으로 정한 퍼블릭 에너미는 초기 데모 곡 「Public Enemy No. 1」에서 그대로 따왔다. 그 곡은 1987년 1집 『Yo! Bum Rush The Show』에 수록되기도 했다.

퍼블릭 에너미가 들려주는 사운드 핵심은 1980년대 말과

1990년대 초반 사이에 완성되었다. 그 시기에 내놓은 2집 『It Takes A Nation Of Millions To Hold Us Back(1988)』, 3집 『Fear Of A Black Planet(1990)』, 4집 『Apocalypse 91: The Enemy Strikes Black(1991)』 등 3장의 앨범은 힙합 역사에서 결코 빼놓을 수 없는 혁명의 깃발을 내건 작품이다.

퍼블릭 에너미를 제대로 이해하기 위해서는 "우릴 저지하려면 수백만 국민이 있어야 한다."라는 심상치 않은 주제를 달고 있는 2집을 주목할 필요가 있다. 그 안에는 팀의 사상적 기반이 그대로 압축, 묘사되어 있다. 이 음반은 해외 팝 전문 사이트로부터 "펑크 록의 미학과 힙합 민족주의가 만났다."고 평가되기도 했다. 제목에서 보여지듯, 그들의 랩은 전투적이고 투쟁적인 태도로 일관한다. 결국 2집의 센세이션으로 퍼블릭 에너미는 동부를 비롯한 힙합 전체를 대표하는 그룹으로 부상했다. 그전까지 이보다 더 헤비하고 더 하드하며 더욱 분노로 가득한 팝 앨범은 나오지 않았다. 그들로 인해 힙합은 '저항'으로 정의되었다.

퍼블릭 에너미는 과격한 폭력과 자극적인 내용으로 일관한 동시대 갱스터 랩에 반하는 가사들로 대중들을 사로잡았다. 그들의 음악은 하드코어 성향이 강했으나 섹스와 폭력이 주류를 이루지 않았다는 점에서 갱스터 랩(gangster rap)과는 확연한 차이를 드러낸다. 백인 기득권 세력에 반하는 가사로 사회적 이슈를 불러 모았으나 오히려 백인들에게 널리 지지를 받았다는 건 흑인 입장에 서 있던 그들에게는 아이러니가 아닐 수 없었을 것이다.

퍼블릭 에너미의 음악이 높은 평가를 받는 또 다른 이유는 '메시지의 효과적인 전달'이라는 측면에서 랩 형식을 어떤 식으로 구체화시킬 것인지 그 해법을 제시했기 때문이다. 그들은 시끄러운 '소음(noise)'으로 대변되는 독특한 힙합 음향을 창조했다. 빈틈없이 꽉 들어찬 사운드 기교는 라디오 방송 잡음과 사이렌 소리, 메탈 리프(riff), 펑키(funky) 리듬, 일상의 대화 등을 요란한 스크래치와 뒤섞어 현장감을 강조한 기법으로 드러난다. 거기에 강렬하고 힘찬 척 디의 랩 보컬도 한몫 거든다. 그의 목소리는 헤비 메탈 싱어에 버금가는 강렬함을 지녔다. 마치 테러가 발생한 긴급 상황에서나 들을 법한 위험한 분위기의 음악이었다. 이후 퍼블릭 에너미는 레코딩 기술과 샘플링의 진보를 앞당기는 데 기여했으며, 세기말 뉴 메탈, 하드코어 밴드가 등장하는 데 큰 영향을 끼쳤다.

척 디는 말한다. "샘플링은 랩을 두고 음악이 아니라는 의견을 반박하는 것이다. 그것은 또 다른 편곡 방식이다." 미디어조차도 "과거의 랩과 현저히 다른 힘찬 힙합 사운드는 충격을 던진다. 그들의 음악은 헤비급"이라고 전했다.

체제에 대항한 분노

서구의 평단은 척 디를 두고 밥 딜런 이후, 위대한 작사가 가운데 한 명으로 평가한다. 이 말에 이견을 제시할 사람도 있겠지만 그가 쓴 가사가 그만큼 가치를 지닌다는 뜻이다. 랩으로 이야기되는 주제는 인종, 정치, 철학, 종교, 전쟁, 질병 등 사회 전반을 망라한다. 이는 그런 방대한 주제가 시대성을 잘 함축하고 있다는 반증이기도 하다.

그의 강한 웅변술은 대중을 압도한다. 2집 수록곡 「Bring The Noise」「Don't Believe The Hype」 등은 검은 회교도를 뜻하는 '블랙 무슬림(black muslim)'의 민중 지도자 루이스 파라칸(Louis Farrakhan)을 등장시키면서 그의 언사를 옹호해 사회적인 물의를 일으키기도 했다. 「Bring The Noise」는 이슬람 신앙을 설교하는 파라칸은 예언자이기 때문에 그를 추종하라며 강경한 어조로 노래한다.

파라칸은 예언자라. 그가 너희에게 뭘 하라고 말하는 것을 너희들은 새겨들어야 할 것 같아.
지금 당장 따르라, 흑인들의 힘을 보여 주라. 기적을 만들어라. 내가 그렇게 노래로 목소리를 키우지. 흑인들은 돌아왔어, 여기서 우리는 이긴다…… 볼륨을 올려라. 소음을 일으켜라.

여기서 말하는 소음은 흑인들의 목소리를 은유적으로 표현한 발언이다. 엎드리지 말고 일어나라는 것이다. 척 디는 흑인들이 강해지기 위해서 떳떳이 그들의 주장을 펼쳐야 한다고 종종 얘기했다. 그는 뮤지션이지만 음악 외적인 자리에서도 자신의 의견을 강하게 피력해 화제를 모은 인물이다. 대중들을 선동하는 그의 혁명가다운 모습은 행동과 실천으로 곧잘 드러난다. 당연히 백인 권력 집단의 시각에서는 망둥이처럼 날뛰는 그가 못마땅할 수밖에 없는 노릇이다.

퍼블릭 에너미를 언급하면서 결코 간과할 수 없는 인물인 파라칸은 그들 음악에 간혹 메뉴로 등장한다. 「Don't Believe The Hype」에서도 파라칸을 따르라고 외치고 있다. 그들은 백인사회를 부당한 '악의 제국'으로 비유하며 그들로부터 과대 광고, 선전 따위의 거짓을 믿지 말라며 강하게 부르짖는다.

> 라디오 볼륨을 키워봐. 그들은 내가 범죄자라고 주장해. 그러나 지금은 의심만 날 뿐이야. 에너미가 친구이자 수호자가 될 수 있다는 것을 사람들이 어떻게 전혀 모르고 있는지. 난 깡패가 아냐. 난 파티 분위기를 살리고 광기를 혐오하지. 난 인종차별주의자가 아냐. 모두를 가르칠 수 있게 전도해……나를 요약해서 말하자면, 그들은 공공의 적이야. 이용당하고, 이유 없이 학대당해도, 나는 절대 화내지 않았어. 심지어 뉴스까지 나오더군. 거짓을 믿지 마라.

척 디는 음악으로 모든 부조리를 부르짖는 사회 비평가로 알려져 있다. 때문에 매스컴의 뉴스란에 자신의 얼굴을 드러내는 일도 잦다. 그는 랩이 백인 기득권층에 흑인들의 존재 가치를 강하게 피력하는 수단이라고 설파했다. 그의 랩을 들어

보면 혁명 전선을 타고 뜨겁게 불타오르는 듯하다. 수백만 국민 앞에서 강렬한 연설을 쏟아내는 열혈 투사를 연상시킨다. 그의 철학은 사회의 부정적인 측면을 반박하는 실태의 고발로 이어진다. 갱스터의 폭력 근절에 앞장선 것은 말할 필요도 없다.

퍼블릭 에너미는 1989년 흑인 감독 스파이크 리(Spike Lee)의 영화 「똑바로 살아라 Do The Right Thing」에 실리기도 했던 3집 수록곡 「Fight The Power」에서 다시 한번 투쟁의 열기를 가속화시켰다. 그 곡은 엘비스 프레슬리와 할리우드의 백인 배우 존 웨인(John Wayne)을 공격하며 한바탕 소란을 야기했다. 척 디는 흑인 창법을 흉내 낸 엘비스를 흑인음악을 훔친 자로 비판했으며 그를 백색 파워에 비견해 맞서 싸우라고 노래했다. 가사 내용은 이렇다.

많은 사람들에게 엘비스는 영웅이었어. 하지만 알아둬, 나한테는 아무 것도 아니었지. 빌어먹을 그 녀석은 확실한 인종차별주의자였어. 그건 단순하고 명백한 사실이야. 존 웨인이랑 둘이 같이 엿 먹으라지. 왜냐면 난 흑인이고 그걸 자랑스럽게 여기니까……내 영웅들은 대부분 우표에 찍혀 있지 않아. 살짝 뒤돌아보면 발견할 수 있을 거야. 확인하면 거긴 지난 400년 동안 백인밖에 없었어…….

미국에서는 거의 한정 판매 형식으로 되어 있지만 유명한 사람들을 모델로 한 우표들이 발행되고 있는 것을 감안해 척 디는 그 실태도 고발하고 있다. 그의 입장은 흑인들도 위대한 위인들이 많다는 것이다. 그럼에도 불구하고 왜 하필 그들의 모습은 유색인종이라는 이유로 숨겨져야만 하는지 그 현실을 안타깝게 여기고 있다. 존경받아 마땅할 흑인 지도자들이 퍼블릭 에너미의 음악을 통해 종종 언급되는 이유도 여기에 있다. 또한 싱글 앨범으로 히트했던 「911 Is A Joke」라는 곡에서는 흑인들이 사는 지역에 긴급출동 911은 '느림보 거북이'라며 신랄하게 꼬집는 구절도 나온다. 척 디는 911을 부르는 대신에 차라리 택시를 타고 병원에 가는 것이 목숨을 구제하는 길이라고 비꼰다.

그들은 단지 그들이 원할 때만 오네. 그래서 시체실은 죽은 자들로 가득 차네. 그들은 걱정하지 않지. 왜냐하면 가만히 있어도 돈을 받으니까. 당신의 생명이 전화선에 달려 있다면, 당신은 오늘 죽을 거야. 나는 그냥 택시를 부르지. 택시가 더 빠르기 때문이지…… 왜냐하면 911은 가짜 생명 구조원이기 때문이야. 911은 당신 마을에서는 조롱거리야.

아이스 큐브와 빅 대디 케인이 참여한 "할리우드를 불태우자!"라는 「Burn Hollywood Burn」에는 "흑인들이 광대처럼 보였던 숱한 날들이 지났어. 이제 비웃음은 끝났어."라는 구절이 나온다. 할리우드의 인종차별을 경멸하는 태도로서 척 디는 스크린에 그려지는 흑인들의 비천한 신분이 이제는 막을 내려야 한다고 외쳤다. 게다가 「Brothers Gonna Work It Out」에서는 "뭉치면 일어날 것이고 흩어지면 무너진다. 우리가 함께 모이면 드높이 일어날 수 있다. 형제들이여, 해낼 수 있을 거야."라며 흑인들이 자성의 목소리를 높일 것을 주창하기도 했다.

소수의 대변자

퍼블릭 에너미는 미국 사회에서 소외되고 억압받는 이들을 위한 '소수의 대변자'였다. 그들의 저항 랩은 그룹의 정치 철학을 단지 상황만 묘사하는 데 그치지 않고 실천에 옮겼다는 점에서 값진 의의를 지닌다. 그후 퍼블릭 에너미로 인해 '정치적인 랩(political rap)'이라는 어휘도 주류로 부상했다.

퍼블릭 에너미의 활동 반경은 흑인 랩 가수들의 터전을 마련하고, 흑인사회의 각성을 촉구하는 등 그 폭이 매우 넓다. 거대 힙합 집단인 우탱 클랜(Wu-Tang Clan)의 저항 랩과 갱스타(Gang Starr), 맙 딥(Mobb Deep), 오닉스(Onyx), 나스(Nas) 등 뉴욕을 메카로 하는 하드코어 랩 아티스트뿐만 아니라 웨스트코스트(West Coast) 갱스터 랩이 성장하는 데 있어서도 큰 동인이 되었다.

한동안 활동이 뜸하던 퍼블릭 에너미가 2002년에 새 앨범 『Revolverlution』을 들고 나왔을 때 그들의 메시지는 여전히 강렬했다. 음반을 장악한 사운드도 녹슬지 않고 록 음악처럼 군데군데 크게 요동쳤다. 당시 42세의 노장 랩 가수 척 디의 래핑 역시 건재했다. 2003년 봄에 내놓은 싱글 『Son Of A Bush』에서는 부시 대통령과 미국을 적나라하게 공격하는 내용으로 화제를 뿌렸다. 척 디는 "누가 레이건이 말한 대로 행동하고 대통령이 되었느냐?"며 부시를 향해 맹렬히 비난하는 것은 물론이고, 대량 학살 무기와 관련된 미국의 이라크 전쟁을 테러로 규정하며 반전 시위에 동참하기도 했다. 10년 전의 전성기는 이미 지나갔지만, 아직까지도 혁명의 메아리는 유통 기간에 구애받지 않고 크게 울렸다.

이렇듯 퍼블릭 에너미는 언제나 정치적이고 혁명적인 노선을 내달렸다. 그나마 같은 길을 걷고 있던 록 그룹 레이지 어겐스트 더 머신이 2000년에 해체됨과 동시에 이제 퍼블릭 에너미는 지구상에 남은 유일한 음악 혁명가로 고군분투하고 있다.

퍼블릭 에너미는 랩이 지닌 특성을 장점으로 잘 활용해 힙합을 한 차원 끌어올리는 데 공헌했고, 힙합이 앞으로 나아가야 할 참된 미래상도 제시했다. 비록 백인 권력층의 눈에는 '악의 축'으로 보였을지라도 흑인들의 입장에서 흑인들의 권리와 행복추구권을 확보하기 위해 부단히 매진한 점은 그들이 거둔 크나큰 성과였다. 그들의 랩은 소수 흑인들의 목소리를 대변해 준 블랙 파워(black power)였기 때문이다.

반짝 스타의 허실을 드러낸 대표 랩 가수
— 엠시 해머

팝 랩의 패배자들

팝 가수들은 인기에 의해 살고 죽는 대중 스타이다. 치열한 생존 경쟁에서 살아남기 위해서 대중과의 타협은 필연적이다. 대중들이 없다면 스타도 존재하지 않는다. 스타를 만들어 주고 지지하는 팬이 있어야 그들의 갈 곳도 정해지기 마련이다. 10년 혹은 20년 동안 꾸준히 노력한 대가로 떳떳이 정상에 군림하는 이들이 있는 반면에, "하룻밤 자고 일어났더니 스타가 되었더라."는 말처럼 하루아침에 화려한 스타덤에 오른 이들도 있다. 이처럼 사람마다 스타가 되는 길은 제각기 다르다. 그러나 더 이상 오를 곳이 없는 최고봉에 오르는 그 순간부터 스타에게는 언제 찾아올지 모르는 절망의 나락이 기다리는 법이다. 쉽게 불타오른 사랑은 쉽게 이별을 고하듯, 순간의 인기는 순간의 몰락으로 종종 이어지기도 한다. 현재 최고의 인기를 구가하더라도 한순간 '폐물' 취급받는 것이 그들이다. 스타들의 실체 또한 그러했다. '한때' 전 세계를 호령하던 랩 가수 엠시 해머(MC Hammer)가 그 대표적인 인물에 속한다.

1980년대 후반 대중의 입맛에 영합한 '팝 랩(pop rap)'이라는 용어가 생겨나면서 힙합은 엔터테인먼트 상품으로 조금씩 변질되어 갔다. 팝 랩은 그야말로 정통 힙합에서 다소 벗어난 팝 성향이 짙은 랩 장르다. 그런 점에서 10대들을 겨냥한 말랑말랑한 '버블검(bubble-gum)' 댄스 랩과도 일맥상통한다. 상업적인 랩 가수의 표본으로서, 그 대표주자를 꼽으라면 바로 해머를 빼놓을 수 없다.

해머는 랩만 하던 랩 가수가 아니었다. 춤에 있어서도 발군의 실력을 보여 준 댄서였다. 댄스와 결합된 그의 랩은 비주얼한 시각적 즐거움을 부각시켰다. 이전까지 래퍼와 춤은 별개였으나 그가 등장하면서 댄스와 랩은 상호 연관성을 지니게 되었다. 그는 흑인사회의 존경받는 아티스트가 아닌 황금알을 낳는 연예인이 되길 원했다. 그는 대중들의 시선을 의식한 달콤한 환상이나 흥미 위주의 주제를 노래했다. 그에게 사회 비판적 메시지는 오히려 인기를 얻는 데 방해만 될 뿐이었다. 비단 해머뿐만 아니라 댄스를 기본으로 한 여타 팝 랩 가수들도 상황은 마찬가지였다.

동시대 유사한 랩으로 성공을 거둔 영 엠시(Young MC)와 영화배우 윌 스미스가 몸담았던 랩 듀오 디제이 재지 제프 앤 더 프레시 프린스(DJ Jazzy Jeff & The Fresh Prince)도 해머와 함께 흑인 랩 스타로 삼각편대를 이뤘다. 그들은 심각한 메시지보다는 댄스와 결합된 가벼운 랩을 구사했다. 그때부터 랩 뮤직은 본격적으로 쇼 비즈니스의 일환이자 돈벌이를 위한 매매 수단으로 전락했다. 그 후 팝 랩을 선보인 백인 랩 가수들의 빌보드 차트 정복은 순조로웠다.

   바닐라 아이스는 1990년 1위를 기록한 싱글과 음반으로 팝 랩의 전성시대를 열었다. 댄스 랩 넘버 「Ice Ice Baby」를 통해 백인 랩 가수로는 비스티 보이스에 이어 두 번째로 차트 Top 10에 올랐으며, 이 곡이 수록된 그의 1집 『To The Extreme』은 무려 7백만 장 이상 팔려 나갔다. 현재 영화배우로 유명한 마크 월버그(Mark Wahlberg)는 1991년 마키 마크 앤 더 펑키 번치(Marky Mark & The Funky Bunch)라는 랩 그룹의 리더로 활동하면서 1위에 오른 「Good Vibrations」을 배출했다. 또한 캐나다 출신의 스노우(Snow)도 1993년 역시 1위에 오른 「Informer」를 선보이며 많은 사랑을 받았다.

   랩은 점차 상업주의로 물들어 갔다. 음악 외적인 연예산업에도 두루 활용되어 고부가가치를 창출하는 등 국민적 장르로 승진(?)되었다. 백인 팬 층을 더욱 끌어들이기 위해 세일즈에 주력하다 보니 힙합 고유의 흑인정신은 점차 사라져 갔다. 그 무렵 뉴욕 출신의 명 엠시 라킴(Rakim)은 "그들의 음악은 힙합이 아니라 그 시늉에 그친 댄스 팝”이라고 비난하기도 했다. 결국 팝 랩의 전성시대도 그리 오래가지 못했다. 1990년대 중반 무렵 해머의 인기가 뚝 떨어지면서 팝 랩 가수들의 달콤한 판타지도 급격히 추락했다.

해머의 몰락

해머는 뮤직 비즈니스가 팽배하던 상업주의 팝 노선의 전형을 보여준 랩 가수였다. 1962년 3월 30일 스탠리 커크 버렐(Stanley Kirk Burrell)이라는 본명으로 캘리포니아 오클랜드에서 태어난 그는 지금까지도 ‘랩 뮤직’하면 가장 먼저 떠오르는 팝 가수 중 한 명이다. 활동 시절에는 그 누구보다 랩을 전 세계 곳곳에 홍보한 일등공신이기도 했다. 하지만 해머는 이제 랩과는 완전히 멀어진 사람으로 기억된다. 대중들의 관심과 무관심이 인기에 의해 변덕을 부렸기 때문이다. 해머가 한참 몸값을 상승시키던 1990년대, 그의 인기는 1980년대 마이클 잭슨과 마돈나도 부럽지 않았다. 그해 내놓은 2집 음반 『Please Hammer Don't Hurt 'Em』의 열풍 때문이었다. 빌보드 앨범 차트 넘버원에 오른 이 음반은 팝 시장에 ‘랩 폭발’을 견인했다. 너도나도 그의 배기(baggy) 팬츠 차림을 흉내 냈고, 그의 랩을 유행가처럼 따라 불렀다. 음반은 이후 1천만 장 넘게 팔려나가 그를 국제적인 메가급 스타로 부상시켰다. 1998년까지만 해도 역사상 가장 많이 팔린 랩 앨범으로 기록될 정도였다.

그 길을 열어준 곡은 지금은 사망한 흑인 가수 릭 제임스(Rick James)의 곡 「Super Freak」을 샘플 사용하여, 팝 싱글 차트 1위에 오른 「U Can't Touch This」였다.

　　내 음악이 날 강하게 때려요. 내가 "오, 내 주여."라고 말하게 해요. 축복을 내려 주셔서 감사합니다. 라임(ryhme, 노랫말)을 위한 마음과 약으로 약간 들뜬 상태를 만들어 주셔서 감사해요. 정말 기분이 좋아요, 당신이 다운되었다는 걸 알았을 땐 말이죠. 옥타운(Oaktown)에서 온 마약에 찌든 소년, 난 그렇게 알려져 있죠. 이게 바로 비트예요. 어, 당신은 만질 수 없죠. 소년에게 말해요. (당신은 이것을 만질 수 없어.) 예, 그게 바로 우리가 사는 방식 그리고 당신은 알아요. (당신이 이것을 만질 수 없다는 걸.) 내 눈을 봐요, 이봐요. (당신은 이것을 만질 수 없어.) 요, 내가 펑키한 가사들과 함께 터지게 해줘요. (당신은 이것을 만질 수 없어.)

　해머는 이전까지 제3세계 국가에서 비주류군(群)에 속한 랩을 상품 가치가 뛰어난 주류 장르로 끌어올렸다. 「U Can't Touch This」의 성공은 전세계에 랩 스타 해머를 마케팅하는 데 가장 주효(奏效)했다. 그는 이 곡의 인기로 인해 3천만 달러 이상의 짭짤한 수익을 벌어들였다.

　'팝 랩' 또는 '파티 랩'으로 불리던 해머의 노래는 정통 힙합과는 거리가 멀었다. 오히려 힙합보다는 댄스뮤직에 가까웠다. 흥겨운 리듬과 비트, 유머와 위트로 일관하던 팝 댄스가수들의 노래와 별반 다를 게 없었다. 힙합 사회로부터 일종의 비난을 받아야 했던 이유도 그것 때문이다. 그러나 그의 인기는 오히려 상승 곡선을 그리며 승승장구했다. 행복한 해머의 음악에 대중들은 더욱 랩을 즐겨 듣고 친숙해졌다.

이후 팝 랩은 지구촌 구석구석에 큰 반향을 일으켰다. 국내에서도 '해머 효과'는 톡톡히 발휘되어 그 무렵 처음으로 랩이 소개되기도 했다. 팝에 관심조차 없는 사람들도 엠시 해머라고 하면 이내 아는 듯 "아!"하는 감탄사를 내뱉을 정도였다. 현진영, 신해철, 공일오비 등 몇몇 국내 가수들의 랩에 대한 도전도 그의 영향이 절대적이었다.

해머 이전에도 랩으로 스타덤에 오른 가수들은 상당수였으나 그때까지만 해도 랩의 인기는 미국 본토와 영어권 일부 나라에 국한된 수준이었다. 지금처럼 국제적인(worldwide) 성격은 띠지 않았다. 때문에 해머의 등장은 랩의 '국제 마케팅'을 가능케 한 일대 사건이라 봐도 무방하다.

그러나 천하무적일 것 같던 팝 랩의 생명력은 의외로 짧았다. 음악적 의의는커녕 '빛 좋은 개살구'처럼 겉멋에만 치장했던 해머의 퍼포먼스는 차츰 식상해졌다. 요컨대 반짝하는 '유행가'였던 것이다. 1991년 3집 『Too Legit To Quit』 이후 그의 기력은 하강 곡선을 그리며 쇠퇴해갔다. 후속작인 1994년 「The Funky Headhunter」와 1995년 「Inside Out」 등은 상업적인 실패로 이어졌고, 그의 음악은 당시 센세이션을 일으키던 갱스터 랩에 밀려난 촌스러운 랩에 지나지 않았다. 변덕스런 대중들의 청감은 금세 변하기 시작했다. 더 이상 새로울 것이 없었다. 당연히 예전의 인기는 수그러들 수밖에 없었다.

결국 그는 1997년 파산을 선언, '해머 몰락'을 알렸다. 갑작스레 스타 반열에 오르며 백만장자가 된 것이 화근이었다. 그는 스타의 특권인 양 돈을 물 쓰듯 펑펑 날려버렸다. 스타가 된 후에도 그에게는 '해머=사치'라는 공식이 꼬리표처럼 따라다녔다. 아무도 그의 낭비벽과 과소비를 막을 순 없었다.

그는 캘리포니아 프레몬트(Fremont) 지역에 천만 달러가 넘는 초호화 저택을 사들여 당시 팝계를 대표하는 갑부라는 사실을 공공연히 알렸다. 자택의 내부 구조는 대리석으로 도배된 왕이 사는 궁전이나 다름없이 꾸몄다. 실내에는 농구 코트가 말끔히 닦여 있었고, 멋진 볼링장도 두 군데나 갖추었다. 그는 자기 소유의 경비행기도 사들였으며 값비싼 고급 승용차만도 17대씩이나 보유했다. 요즘말로 럭셔리(luxury)한 삶 그 자체였다. 그가 거느린 스태프만 하더라도 무려 2백5십여 명가량 되었으니 한마디로 현대판 귀족이었던 셈이다.

그러나 그 휘황찬란하던 '해머 타임(Hammer Time)'은 끝내 거품으로 막을 내렸다. 랩 가수로 얻은 명성도 그것으로 끝나버렸다. 회복 불능이었다. 제아무리 슈퍼스타라 하더라도 어떻게 사느냐에 따라 얼마든지 인생은 달라질 수 있다는 교훈을 그는 남겼다.

스타 제조기로 불리는 막강 프로듀서의 승리
– 닥터 드레

최고의 랩 프로듀서

최고의 가수에게는 그를 뒷받침해 주는 제2의 인물이 존재한다. 음반 전반에 걸쳐 관여하는 제작자가 바로 그들이다. 가수의 개성을 잘 살려 그것을 장점으로 부각시키는 데 그들의 노하우는 결정적이다. 일례로 비틀스에게는 조지 마틴(George Martin)이라는 사운드의 조력자가 있었고, 초창기 롤링 스톤스가 성장할 수 있었던 배경에도 앤드류 로그 올드햄(Andrew Loog Oldham)이라는 든든한 후원자가 버티고 있었다. 비치 보이스(The Beach Boys)와 라이처스 브라더스(The Righteous Brothers), 여성 그룹 로네츠(The Ronnets) 등 수많은 팝 가수의 앨범을 지휘 감독했던 '월 오브 사운드(Wall Of Sound)'의 대가 필 스펙터(Phil Spector)나 1990년대 R&B(리듬 앤 블루스)계의 '히트 제조기'로 명성이 자자했던 베이비페이스(Babyface)도 그들 가운데 한 명이다. 만약 '킹 오브 팝(king of pop)'에 등극했던 마이클 잭슨이 거물 프로듀서 퀸시 존스(Quincy Jones)를 만나지 못했다면 1980년대 광풍을 휩쓴 '잭슨 신드롬'도 사실상 불가능했을 것이다. 프로듀서의 역량은 여기에서 잘 드러난다. 무대 위를 뜨겁게 달구는 직접적인 카리스마는 아니더라도 은밀히 숨어서 스타를 지원 사격해 주는 간접적인 주인공이다.

힙합 역시 프로듀서의 막강 파워를 무시할 수 없다. 현재 빌보드를 강타하고 있는 랩 음악의 경우는 몇몇 전문 프로듀서들이 사운드를 리드해 나가고 있는 실정이다. 흑인음악도 마찬가지이다. 달라스 오스틴(Dallas Austin), 로드니 저킨스(Rodney Jerkins), 저메인 듀프리(Jermaine Dupri), 넵튠스(Neptunes), 팀발랜드(Timbaland), 스콧 스토치(Scott Storch) 등이 대표적인 인물이다. 팝 스타 저스틴 팀버레이크(Justin Timberlake)는 넵튠스의 사운드가 21세기를 대표하는 최신식 트렌드이기 때문에 그와 함께 작업하는 것은 필연적이라고 말하기도 했다.

프로듀서의 영향력은 그만큼 절대적이다. 그 중 힙합이 주류로 부상한 지난 20년 동안 가장 두드러진 활동을 보여준 랩 프로듀서로는 단연 닥터 드레(Dr. Dre)를 꼽을 수 있다. 아니, 10년 전이나 지금이나 그는 여전히 최고의 몸값을 자랑한다.

닥터 드레가 발굴한 에미넴(Eminem)과 스눕 독(Snoop Dogg), 50센트(50 cent)를 비롯해 버스타 라임스(Busta Rhymes), 메리 제이 블라이지(Mary J. Blige), 폭시 브라운(Foxy Brown), 이브 (Eve) 등 지금까지 함께 작업했던 가수들 수만 해도 한둘이 아 니다. 드레의 손만 거치면 대부분 노래들이 마치 기계로 찍어 내듯 히트 곡으로 바뀐다. 그 결과 '랩 프로듀서'하면 너나할 것 없이 닥터 드레를 거론하기 마련이다.

비트와 리듬을 해석하는 드레의 탁월한 감각은 한반도에서 도 괴력을 발휘한 바 있다. 2001년 흑인 여가수 메리 제이 블 라이지가 노래해 빌보드 차트 정상에 올랐던 「Family Affair」 는 드레가 제작한 곡으로 2년 뒤인 2003년 국내의 모 휴대폰 광고 배경음악으로 삽입돼 화제를 모았다.

드레의 이복동생이자 웨스트코스트 랩의 간판 주자인 워렌 지(Warren G)는 "그는 가수의 재능을 캐치하는 능력이 뛰어나 며, 그와 만나면 어느 누구도 스타가 될지 모른다."고 밝힌 적 이 있다. 그의 말처럼 훌륭한 가수는 유능한 프로듀서에 의해 탄생된다는 사실을 드레가 직접 입증했다. 다시 말해, 가수와 제작자의 기막힌 호흡의 중요성을 피력한 것이다.

드레는 대중들이 무엇을 원하는지 제대로 꿰뚫고 있던 영 리한 프로듀서였다. 그가 던진 한마디는 꽤나 의미심장하다.

"사람들은 내 음악에 항상 폭력이 동반된다며 불평, 불만을 토로해. 성행위 묘사나 여성 비하 발언은 나쁘다고 말하지. 하 지만 그렇게 말하는 그들부터 긍정적인 메시지에는 별 관심조차 없어. 대중들의 이중적 특성이지. 만약 내가 폭력적인 것을 수반하지 않으면 그들은 재미없다며 거들떠보지도 않아."

N.W.A와 함께 성장하다

1965년 2월 18일 서부 LA에서 태어난 닥터 드레의 본명은 안드레 영(Andre Young)이다. 드레는 어릴 적부터 유별난 '음악광'이었다. 할머니와 어머니 슬하에서 유년 시절을 가난하고 불행하게 보낸 그에게 관심사라고는 오로지 음악뿐이었다. 그의 모친은 제임스 브라운(James Brown), 커티스 메이필드(Curtis Mayfield), 베리 화이트(Barry White), 마빈 게이(Marvin Gaye) 등 소울 고전과 R&B를 즐겨 듣곤 했는데, 그런 음악에 대한 애정이 그대로 드레에게 유전됐다. 이처럼 드레에게 음악은 모든 아픔을 치료해 주는 만병통치약과도 같았다.

훗날 드레가 그런 장르를 샘플로 유효하게 써먹을 수 있었던 것은 그의 성장 환경 탓이 컸다. 그래서 10대 시절 월드 클래스 렉킹 크루(World Class Wreckin' Cru)라는 팀에서 하우스 파티와 클럽 음악 디제이로 활동을 시작한 그의 진로는 미리 정해져 있던 것이나 다름없었다. 거기서 만난 디제이 옐라(DJ Yella)와 1995년 에이즈로 사망한 이지 이(Easy-E), 한국을 비방한 「Black Korea」라는 곡으로 좋은 않은 인상을 남겼던 아이스 큐브(Ice Cube), 그리고 엠시 렌(MC Ren) 등이 의기투합해 그룹을 조직했다. 1987년 '뚜렷한 이념을 가지고 행동하는 흑인들(Niggaz With Attitude)'이란 뜻의 하드코어 갱스터 랩 그룹 N.W.A를 결성했으며, 닥터 드레는 그 팀에서 래퍼 겸 프로듀서로 본격적인 활동을 시작하였다.

1988년 N.W.A의 데뷔작 「Straight Outta Compton」은 나오자마자 미국 사회에 엄청난 충격을 던져주었다. 가장 통렬히 흑인들의 목소리를 대변했다는 평가와 함께 한편으로는 보수적인 레이건 정부에 대항한 흑인 젊은이들의 반란을 노래해 사회적으로 큰 파장을 야기했다. 결국 과격한 가사 일색이던 그들의 음반이 모든 방송국에서 방송 금지처분을 받은 건 이미 예견된 수순이었다.

아이스 큐브는 "우리의 노래가 라디오 전파를 타지 못한다는 것은 미리 짐작한 일이었다. 우리는 우리 노래를 원하는 이들에게만 그런 랩을 들려줄 생각이었으니까. 만약 우리가 전 세계의 슈퍼스타가 되지 못한다면 차라리 게토 스타라도 될 것"이라고 말하기도 했다.

N.W.A의 파급력은 그 이상이었다. 젊은 층의 폭발적인 지지를 대번에 이끌어 냈으며, 라디오 방송과 뮤직 비디오 판매 없이도 그들의 음반은 2백만 장 넘게 팔려 나가는 저력을 과시했다. 그럼에도 그룹의 부정적인 이미지는 보수적인 기성세대의 비난을 감수해야만 했다. 하지만 드레는 『롤링스톤』지를 통해 "우리 음악이 일부의 비난을 받았으나 데뷔작에서 보여준 신랄한 뒤틀림은 오히려 앨범이 힙합 역사상 가장 영향력 있는 작품으로 손꼽히는 데 주효했다."고 말했다.

무엇보다 N.W.A은 하드코어 갱스터 랩을 창조한 주역이었다. 랩계의 섹스 피스톨스(Sex Pistols)로 묘사될 만큼 '악동' 이미지를 가진 랩 그룹이었다. N.W.A의 베스트 앨범 재킷 표지에는 '세상에서 가장 위험한 그룹(The world's most dangerous group)'이란 문구가 새겨져 있다. 그런 만큼 그들의 노랫말은 무시무시한 '살인' 그 자체다.

한편, N.W.A는 경찰을 비난하는 내용의 수록곡 「Fuck Tha Police」로 인해 한동안 FBI로부터 강력한 경고를 받으며 악명 높은 요주의 인물로 부상하기도 했다. 이유인 즉, N.W.A가 이 곡을 통해 경찰들의 인종차별과 가혹행위에 대한 분노를 표출했기 때문이다.

그들은 약자를 죽일 권력을 가졌지. 엿이나 먹으라고 해. 왜냐면 난 뱃지와 총을 가진 빌어먹을 너희들에게 두들겨 맞고 감옥에 끌려갈 놈이 아니니까…… 십대라는 이유로 그들은 나를 엿 먹이면서 얼마 되지 않은 돈과 호출기를 가지고 노획물을 찾기 위해 내 차를 마구 뒤적거려. 모든 흑인 젊은이들을 마약 판매상이라고 생각하지. 너는 날 차라리 감옥에서 보는 게 나을 거야. 자, 경찰을 두들겨 패서 묵사발을 만들어라. 그리고 내가 끝냈을 때 노란 테이프를 가져와서 그 학살의 현장에 둘러쳐 놓아라…….

1989년 엠시 렌은 『LA 타임스』지와 가진 인터뷰에서 "그래미상을 수상한 제지 제프 앤 더 프레시 프린스 같은 팝 가수들은 흑인들의 불평등이 아닌, 오로지 백인사회와 백인들의 구미를 맞추는 빌어먹을 것들만 노래한다."고 강력히 비판했다. 이렇듯 힙합 역사에서 N.W.A의 음악성이 높게 평가되는 것은 흑인사회와 흑인들의 관점을 통렬히 대변해 준 것에서 비롯된다.

1991년 드레는 이지 이와의 불화와 수익 분배에 대한 불만으로 독립을 선언했다. 그 뒤 N.W.A도 이내 파산을 맞으며 각자 솔로 활동에 들어갔다. 이후 1992년 마리온 '서지' 나이트(Marion 'Suge' Knight)와 공동으로 '데스 로(Death Row)'를 설립한 드레는 사업과 관련된 일에는 일체 관여하지 않았다. 여전히 그의 관심사는 음악뿐이었다. 나이트가 비즈니스에만 신경을 곤두선 것과는 전혀 달랐다. 드레가 위대한 프로듀서로 성공할 수 있었던 요인도 오로지 음악에의 열정 그 하나 때문이었다.

G-Funk의 탄생

1993년 9월 『롤링스톤』지는 닥터 드레와 스눕 독(당시 스눕 도기 독Snoop Doggy Dogg)을 커버스토리로 다루며 '드레의 날(Day of the Dre)'을 공식 선포했다. 팝계의 다크호스로 부상한 드레와 곧 신작이 공개될 스눕 독을 대대적으로 보도한 것이다. 다름 아닌 드레의 솔로 앨범 『The Chronic』의 열풍 때문이었다. 1993년 1월 대중들의 손에 들어간 드레의 음반은 각종 미디어로부터 '올해의 앨범'에 당당히 1순위로 꼽히며 그를 유명 프로듀서 대열에 합류시켰다.

그해 연말이 되자 드레는 『빌보드』지가 선정한 '최우수 신인 아티스트'에 선정됐다. 그리고 '최우수 R&B 앨범'에 뽑힌 『The Chronic』은 컨트리 가수 가스 브룩스(Garth Brooks)의 「In Pieces」, 영화 「보디가드」 사운드트랙과 함께 가장 주목받은 화제작으로 뽑혔다. 이듬해 2월 그는 싱글 「Let Me Ride」로 그래미상 트로피를 거머쥐는 등 다시 한번 위상을 높였다. 그의 전성시대였다.

그 무렵 드레는 히든카드 한 장을 꺼내 놓았다. 그가 직접 발굴한 신인 랩 가수 스눕 독이었다. 스눕 독은 『The Chronic』에 게스트 래퍼로 활동해 어느 정도 얼굴이 알려진 뒤였고, 각본은 예상대로 맞아 떨어졌다. 당시 스물 한 살 스눕 독의 데뷔작 『Doggystyle』은 그해 연말 빌보드 앨범 차트 1위에 오르며 센세이션을 일으켰다. 이미 팝계에 폭격을 가한 드레 덕분이었다. 드레가 그런 스매시 히트를 칠 수 있었던 가장 큰 요인은 'G-Funk(gangsta funk의 약자)'라 불리던 신종 힙합 사운드의 뒷받침이 있었기에 가능했다. 그의 진가도 그것의 탄생과 함께 시작되었다.

G-Funk는 신시사이저로 주조된 매끈한 디지털 음향과 두터운 베이스 라인, 그루브(groove)를 강조한 펑키 리듬, 화려한 여성 백 코러스 등을 그 특징으로 한다. 기존의 폭력과 마약,

섹스, 인종차별 등과 같은 공격적인 메시지를 노래하던 하드코어 갱스터 랩의 기반 위에 앞서 말한 사운드 패턴이 결합된 것으로 이제는 흔히 웨스트코스트 갱스터 랩을 대표하는 용어로 정착된 랩 스타일이다.

드레에게 영감을 제공한 인물은 1970년대 전성기를 구가한 팔러먼트(Parliament, 제임스 브라운과 슬라이 스톤에게 영향 받은 소울-펑크 그룹)와 펑카델릭(Funkadelic, 소울-펑크 사운드에 사이키델릭과 블루스를 수용하고 정치·사회적인 이슈까지 노래한 팔러먼트의 패밀리 그룹)을 거느린 'P-Funk'의 창시자 조지 클린턴(George Clinton)이었다. 드레는 조지 클린턴의 전매특허인 펑키 베이스와 탄력적인 비트의 P-Funk를 계승해 G-Funk를 탄생시켰다. 1980년대 후반 과격한 랩 가수로 유명했던 아이스 티(Ice-T)와 N.W.A 같은 그룹에 의해 랩 청중들에게 환영받은 갱스터 랩은 G-Funk의 태동으로 한층 발전해 나갔다. 당시 팝 인구가 신종 장르였던 얼터너티브 록(alternative rock)에 열광했듯, 랩 청취자들도 신선하고 참신했던 G-Funk에 열렬히 환호했다. 힙합 역사상 갱스터 랩의 전성시대를 열어준 G-Funk의 탄생 시점을 두고 '제2의 황금시대'로 규정하는 이유도 여기에 있다.

드레는 자신의 솔로 앨범 『The Chronic』과 스눕 독의 『Doggystyle』로 한순간 '미다스의 손'으로 불리는 파워 브랜드를 구축했다. 워렌 지, 네이트 독(Nate Dogg)과 활동하던 무명 랩 가수 스눕 독을 단번에 스타덤에 올려놓았으므로 그 누구든지 드레 모시기에 혈안이 될 정도였다. 성공을 확신했던 서지 나이트는 '데스 로' 레코드사의 공동 설립자로 드레를 전격 스카우트했다. 그 결과 드레가 소속된 '데스 로'는 『The Chronic』과 『Doggystyle』의 더블 히트로 전 세계적으로 1천8백만 장의 세일즈 포인트를 올렸고, 향후 2년간 1억 달러 가량의 막대한 수입을 챙겼다.

상황이 이렇다보니 일부 평단에서는 '데스 로'를 랩계의 '모타운'으로 비유하기도 했다. 그가 얼마나 대단했으면 당시 "드레의 머리와 손은 백만 불 짜리"라는 소문이 나돌 정도였다.

이후 4년 동안 갱스터 랩이 힙합 필드를 지배하는 데 이 두 장의 앨범이 결정적인 토대를 닦았다. 지구촌 곳곳에서 G-Funk로 명명된 '드레 사운드'가 크게 울렸다. 국내에서도 1994년 서태지와 아이들이 4집 수록곡 「Come Back Home」을 내놓으며 갱스터 랩 열기에 동참했다. 그 내면에는 미국 본토에서 갱스터 랩 마에스트로(maestro)로 이름을 날리던 닥터 드레가 버티고 있었다.

제2의 전성시대

드레의 인기는 한순간으로 끝나 버렸다. 1996년 드레는 '데스 로'를 떠나 새로운 레이블 '애프터매스(Aftermath)'를 설립하면서 사실상 위기를 맞았다. 그는 『뉴스위크』지와의 인터뷰에서 "더 이상 난 갱스터 랩은 만들지 않겠다."고 갱스터 랩과의 종식을 선언한 뒤였다. 결과는 혹독한 하락세로 이어졌다. 그 무렵 갱스터 랩은 사양길로 접어들었으며, 음악계의 전반적인 분위기도 힙합이 하향 곡선을 그리던 시기였다.

그러나 드레는 1996년 결혼한 아내 미첼레(Michel'le)의 든든한 지원으로 고통의 나날에서 벗어날 수 있었다. "그녀는 내가 재기할 수 있다며 든든한 믿음을 주었어요. 당신은 갱스터 랩을 만들 때가 가장 멋지다는 거였죠." 그는 랩 아티스트 출신인 아내의 격려가 많은 힘이 되었다고 고백했다. 결국 1999년 드레는 다시 일어섰다. 그는 무명이던 에미넴을 스타덤에 올려놓는 범상한 안목으로 다시 주위의 이목을 집중시켰다.

"에미넴의 목소리를 듣는 순간 '바로 이거다!'라는 생각이 갑자기 들었죠. 그를 만나고 불과 몇 시간 만에 4-5곡의 녹음을 순식간에 해치워 버렸으니까요." 드레는 에미넴과의 첫 작업을 이렇게 회상했다. 그것은 오랜 슬럼프로 허덕이던 그에게 곧 다가올 제2의 전성기를 예고하던 순간이었다.

각종 신문지상과 언론 매체에서는 신예 에미넴과 스승 드레를 연일 대서특필했다. 대중들도 한동안 기억에서 잊혀져 가던 드레의 재림을 환영했다. 주류 팝 무대에 등장하자마자 스타가 된 에미넴의 성공은 드레 식 해법이 빛을 발한 결실이었다. 에미넴도 "드레는 비참한 내 인생을 구제해 주었다."고 말했을 정도로 그의 능력을 인정했다. 비단 에미넴만이 드레의 도움을 받은 건 아니었다. 드레 역시 에미넴의 히트로 인해 재기에 성공했다. 서로 상부상조한 것이다. 드레, 그가 누구인가? 1990년대 '랩 혁명'으로 기억되는 갱스터 랩과 G-Funk를 탄생시킨 인물 아니었던가! 한동안 별다른 히트 작품이 없던 그에게 『Doggystyle』 이후 6년 만에 거둔 쾌거는 그 의의가 남달랐다. 그후로 드레와 에미넴은 돈벼락을 맞았다. 2003년 6월 경제지 『포브스』가 선정한 '가장 영향력 있는 100인'의 리스트에 그 둘은 당당히 2위에 랭크됐다. 더욱 놀라운 사실은 타이거 우즈, 스티븐 스필버그, 폴 매카트니, 오프라 윈프리 등 쟁쟁한 인물들을 제치고 그 자리에 뽑혔다는 사실이다. 팝 아티스트로는 단연 넘버원에 올랐다. 그 즈음 서구에서 드레와 에미넴의 영향력을 간접적으로 말해 주던 지표였다.

제자 에미넴의 음반이 크게 성공하자 드레 역시 그해 11월 솔로 2집 『Dr. Dre 2001』을 내놓으며 부활의 청신호를 알렸다. 그는 『LA 타임스』지와 가진 인터뷰에서 "내 인생 모든 것을 건 야심작"이라며 새 앨범에 대한 비장한 각오를 밝혔다. 결과는 성공적이었다. 스눕 독이 피처링으로 참여한 리드 싱글 「Still D.R.E」는 "여전히 드레야!"를 외치며 자신의 건재를 알렸다.

> 내 이름은 닥터 드레. 난 랩 게임에 선두 주자야. 여전히 마리화나를 피우면서 여전히 박자를 즐기지. 여전히 경찰은 좋아하지 않아. 여전히 총 상처와 수갑과 함께 흥을 띄우지. 여전히 거리를 사랑하지. 여전히 비트는 흥분되고, 여전히 할 일은 많아. 내가 떠났던 이후로 별로 변한 것은 없어. 여

전해…….

그 노래처럼 드레는 여전히 랩 게임의 대부였다. 음반은 빌
보드 앨범 차트 1위에 올랐으며 4백만 장 이상 팔려나가는 큰
성공을 거뒀다. 그의 탁월한 프로듀싱 감각에 "역시 드레였
어."라는 찬사가 봇물처럼 쏟아졌다. 이쯤 되고 보니 그는 기
세등등했다. 오죽했으면 "내가 마음만 먹으면 에미넴 같은 스
타는 얼마든지 생산 가능하다."며 떠벌리기까지 했을까.

드레의 자신감은 에미넴의 2집 『The Marshall Mathers LP』
가 2001년 그래미상 '올해의 앨범' 후보에 오르자 "트로피의
주인은 바로 나야."라며 수상을 직감한 것에서도 드러났다. 허
나 예상이 빗나가자 "내가 생각하기에 우리가 트로피를 강탈
당한 것 같다."며 심한 불쾌감을 내비치기도 했다.

뉴 밀레니엄을 맞이해 그에게는 돈과 명예를 얻었던 10년
전과 거의 흡사한 장면들이 쉴새없이 연출되었다. 스눕 독의
자리가 에미넴으로 바뀌었을 뿐이다. 드레의 2집과 에미넴의
2집은 전 세계적으로 2천5백만 장을 팔아치우며 지구촌 구석
구석을 뜨겁게 달구었다. 비록 수상은 못했지만 2002년 그래
미상 시상식에서 '올해의 프로듀서' 후보에 오르는 등 '21세
기 드레의 날'을 재현하는 순간이었다.

제2의 전성시대였다. '히트 제조기'로서 명성은 다시 고개
를 들었다. 드레와 작업을 원하는 가수들이 예전처럼 줄을 섰
다. R&B 여가수 메리 제이 블라이지는 5집 『No More Drama

(2001)』를 그와 작업했으며, 과거 N.W.A의 동료였던 아이스 큐브도 드레와 다시 손을 잡았다. 에이즈로 사망한 이지 이를 제외한 N.W.A 멤버들과 스눕 독, 네이트 독, 커럽트(Kurupt), 독 파운드(Tha Dogg Pound) 등 전성기 시절 '드레 패밀리'들이 한 자리에 모였다. 그리고 멋진 투어로 부활을 공식적으로 알렸다.

흑인음악을 통틀어 닥터 드레는 지금의 퀸시 존스에 버금가는 가장 영향력 있는 프로듀서로 입지를 구축했다. 그가 예전처럼 최고의 자리에 올라설 수 있었던 이유는 음악을 향한 부단한 열정을 버리지 않았기 때문에 가능했던 일이다. 명실상부한 최고의 랩 프로듀서인 그의 존재가 환하게 빛나는 이유도 그 때문이다.

갱스터 랩의 전설이 된 비운의 스타 — 투팍

라스베가스에서 의문의 죽음

1996년 9월 13일 팝계에 또 한차례 엄청난 파장이 불어 닥쳤다. 당대 최고의 힙합 스타 투팍 샤커(Tupac Shakur, 일명 2Pac)가 환락과 도박의 도시, 라스베가스에서 사망한 것이다. 순식간에 음악 산업 전체가 술렁거렸다. 미국 전역에서 그의 죽음과 관련된 뉴스들이 홍수처럼 쏟아졌고, 그의 사망을 알리는 메시지들이 휴대폰, 팩스, 무선호출기, 이메일 등을 통해 빠르게 전파를 탔다. 2년 전의 악몽이 되살아나는 순간이었다. 1994년 5월 8일 자살한 채로 발견된 얼터너티브 록의 영웅, 커트 코베인(Kurt Cobain)의 죽음처럼 충격적인 사건이었기 때문이다. 그래서 그 날과 비슷한 현상이 곳곳에서 연출되었다.

투팍이 사망했다고 보도되자 그의 시신이 잠든 라스베가스 네바다(Nevada) 메디컬 센터 주위에는 수많은 인파들로 북적거렸다. 주로 젊은 흑인들 사이에 애도 행렬이 물결처럼 출렁거렸다. 하루 종일 팬들의 우울한 감정은 공중을 떠다녔다. 일부 10대 소년들은 검은색의 모자와 티셔츠, 바지에 '대장이 죽었다(The boss man is dead)'라는 문구를 새겨 넣기도 했다.

투팍은 정확히 6일간 혼수상태에 빠져 있었다. 사건이 발생한 9월 7일 저녁, 그는 '데스 로' 레코드의 사장 서지 나이트와 레이블 동료 및 일부 보디가드를 대동한 채 라스베가스 MGM 그랜드호텔에서 벌어진 마이크 타이슨과 브루스 셀던의 복싱 경기를 관람하고 있었다. 시합은 2분도 채 되지 않아 타이슨의 KO승으로 끝나버렸고, 투팍 일행은 곧장 경기장을 빠져나갔다. 그러나 불행은 금새 시작되었다. 호텔을 떠난 지 불과 2시간 만에 투팍은 고속도로에서 총격으로 목숨을 잃었다.

사건이 발생하고 며칠 뒤 인터뷰에 응한 나이트는 "그날 우리는 타이슨의 승리를 축하하러 로컬 나이트 클럽으로 향하던 길이었다. 내가 운전을 했고, 투팍은 옆에 앉아 있었다."고 진술했다. 사건을 담당한 경찰과 목격자의 진술에 의하면 네 명을 태운 흰색 캐딜락이 투팍이 탄 검은색 BMW 우측으로 서서히 다가갔고, 그 순간 하이-칼리버 권총에서 13발이 일제히 난사되었다는 것이다. 투팍은 그 자리에서 가슴과 복부에 4발을 맞았다. 평소에도 신변의 위협을 느낀 투팍은 늘 방탄조끼를 입고 다녔지만 이상하게 그날은 입지 않았다. 정말 아이러니가 아닐 수 없었다. 운전석에 있던 나이트는 머리에 가벼운 총상을 당했지만 생명에는 지장이 없었다. 뜻밖이었다.

병원으로 후송된 투팍은 오른쪽 폐를 제거하는 이틀 간 두 차례의 대수술을 받았다. 담당 의사는 그의 신체가 심각할 정도로 손상되었으며, 생존 확률은 거의 50대 50이라고 말했다. 하지만 6일 후 그는 끝내 숨을 거두고 말았다.

수사를 맡은 라스베가스 경찰 당국의 케빈 매닝 경관은 "확보된 증거는 육체에 드러난 상처가 유일하다."며 "조사 협력에 필요한 자료, 동료와 보디가드의 진술이 부족해 우리는 더 이상 진상을 규명하기가 힘들다."고 살해 배경을 밝혔다. 정말 의문의 죽음이었다.

사건이 발생하고 난 뒤 투팍의 죽음과 관련된 갖가지 루머들이 나돌았다. 언론은 조만간 보복 공격이 있을 것이라는 막연한 추측만 전했다. 투팍이 마지막 숨을 거둔 그해, 그의 나이는 불과 25세에 불과했다. 꽃다운 '젊은 피' 하나가 사라진 잔인한 9월이었다. 그래서 지구촌 팬들은 쓴 눈물을 삼켜야만 했다.

예술적 재능을 지닌 아이

난 고독의 깊이에 존재하지 나의 진정한 목표를 고민하며
마음의 평화를 찾기 위해 노력하며 여전히 나의 영혼을

보존하지.

모든 인정으로부터 끊임없이 받아들여지기를 갈구하며.

절대 이뤄지진 않지만 가끔은 위험스러운 그것이 나의
유일한 후회지.

늙은 영혼에 의한 어린 마음으로 어떻게 평화로움이 거
기에 있을까.

내 마음조차 그곳에 있을 때 어떻게 고독의 깊이에 다다
를 수 있을까······.

투팍은 위대한 시인이었다. 그는 시를 통해 탁월한 예술적
감성을 발휘했다. 볼티모어 아트 스쿨(Baltimore School of the
Arts) 재학 시절부터 그의 시는 늘 외로움의 자기 표현이었고,
그만의 위안이었다. 사후에 발간된 시집 『콘크리트에서 핀 장
미 *The Rose That Grew From Concrete*』에는 「떨어지는 별 Fallen
Star」, 「제이다 Jada」, 「역경을 이겨낸 야망 Ambition Over
Adversity」, 「고독의 깊이 In The Depths Of Solitude」, 「나는
울어요 I Cry」 등 다작이 실려 있다. 그 가운데 「제이다」는 10
대 시절 예술 학교에서 만난 여자 친구 제이다 핑켓(Jada
Pinkett)에 관한 내용이며, 위에 언급된 「고독의 깊이」는 고독
한 자아의 견고함에 대한 성찰을 잘 엿볼 수 있는 작품이다.
힙합 프로덕션 듀오 넵튠스의 패럴 윌리엄스(Pharrell Williams)
는 "투팍은 뛰어난 작가다. 시를 보면 그가 누구인지 세심히
드러난다."며 극찬하기도 했다.

이처럼 투팍의 다양한 재능은 이미 매스컴을 통해 밝혀진 사실 그대로다. 랩 가수로 스타덤에 올랐지만 한편으로 그는 영화배우이기도 했다. 살아생전 「Juice(1992)」「Poetic Justice (1993)」「Above The Rim(1994)」 등 3편의 영화에 출연했으며, 사망하기 전에도 이미 2편의 영화 작업을 끝마친 상태였다. 그에게 연기는 또 다른 자아의 표현이었다.

투팍이 잠시 몸을 담았던 랩 그룹 디지털 언더그라운드 (Digital Underground)의 리더 쇼크 지(Shock-G)는 이렇게 밝히기도 했다. "그는 라디오에서 자신의 목소리를 더 많이 듣길 원했고, 스크린에 비쳐진 그의 모습을 누구보다 간절히 원했다. 레코드가 히트했고, 영화도 만들었고, 돈도 많이 벌었으니 결국 자신이 원하던 길로 갔을 것이다."

1971년 6월 16일 뉴욕의 브룩클린에서 태어난 투팍은 10대 시절부터 예술적 재능을 보이기 시작했다. 15세가 되던 1986년 명문 볼티모어 예술 학교에 입학하면서 그는 랩 가사와 시를 쓰고, 춤과 연기 공부에 빠져들었다. 그는 학교가 불안했던 자신의 삶을 구제해 줬다고 말했다.

"거긴 전부 백인 아이들밖에 없었어요. 항상 흑인들과 같이 지내다가 그곳은 내가 처음으로 백인들을 접한 곳이었죠. 그들은 날 이상한 눈초리로 바라보던 악마였어요. 그러나 난 학교를 사랑했죠. 학교는 내게 많은 것을 가르쳤어요. 그곳에는 나 스스로를 표현할 수 있는 모든 경험들이 기다리고 있었죠"

갱스터 파라다이스

투팍의 삶은 가히 '갱스터'나 다름없었다. 그는 20세가 되기 전에 8번, 1993년부터 사망할 때까지 6번 체포되었다. 랩가수가 된 후에도 성폭행 혐의로 8개월 간 감옥 신세를 졌다. 1992년 마틴시 건립 50주년 기념 페스티벌에서는 자신이 소속된 갱단과 라이벌 조직의 총격전으로 6세 소년이 사망하는 등 그 즈음 2건의 살인 사건에 연루되기도 했다. 1994년 2월 영화「Menace II Society」제작사 측에서 자신의 캐스팅을 취소하자 감독을 공격해 15일 간 복역하기도 했다. 또한 그해 11월에는 뉴욕 맨해튼에서 신원 불명의 갱들에게 5발의 총상을 입었으나 기적적으로 살아남는 등 스타덤에 오른 뒤에도 그의 인생 굴곡은 결코 순탄치 않았다. 그러나 사망하기 직전에는 갱스터 세계에서 폭력 근절에 앞장선 것으로 알려졌다. 실제로 그는 1995년 흑인음악 잡지『바이브』를 통해 "앞으로 사람들에게 참된 의지와 마음을 보여줄 것"이라며 인터뷰를 갖기도 했다.

투팍의 삶이 갱스터 노선을 따른 반면, 음악에 담긴 노랫말은 한편의 시였다. 그의 랩 가사에는 주로 흑인들의 빈곤과 실업, 범죄, 폭력, 10대들의 낙태, 섹스 등이 드라마틱하게 그려져 있다. 비평가들은 그의 랩을 두고 "과격한 갱스터의 이미지와 시적인 메시지의 조화가 가장 완벽하게 결합했다."는 평을 내리기도 한다. 그의 음악에는 인간이 겪는 절망과 좌절,

흑인 게토의 처절한 삶이 잘 묘사되어 있다. 탁월한 스토리 작가였던 셈이다. 수감 중이던 1995년 당시 앨범 차트 1위에 오른 3집 『Me Against The World』의 수록곡 「Dear Mama」에는 어머니에 대한 사랑이 감동적으로 표현되어 대중적으로 큰 히트를 기록했다.

학교에서 정학을 당했죠. 집에 가기가 두려웠어요. 전 바보였죠. 불량한 아이들과 나쁜 짓을 많이 했어요. 어머니는 어린 여동생과 우셨죠……엄마 난 마침내 이해해요. 엄마처럼 한 아이를 기른다는 것은 쉽지 않다는 걸요. 당신은 항상 헌신적이었죠. 가난한 과부였죠. 당신이 어떻게 그 모든 것을 해냈는지 내게 말해 줘요. 내가 엄마에게 보답할 길은 없는 것 같아요. 그러나 엄마를 이해함으로써 보여 드릴게요. 당신에게 감사해요.

투팍의 작품 가운데 단연 걸작으로 꼽히는 「Life Goes On」은 삶과 죽음의 경계에서 숨어있는 인간 내면의 고통을 묘사하고 있다.

얼마나 많은 형제들이 희생양이 되어 거리에 쓰러지는가. 젊은 형제들이여, 하늘에서 편히 잠들라. 갱스터들에게도 천국은 있어. 내가 죽음에 대해 생각해 본 적이 없다고 말한다면 그건 거짓말일거야. 형제들이여, 우리가 마지막까지 살아남을 자들이야. 하지만 인생은 흘러가지…….

힙합 역사상 최초의 더블 앨범으로 기록된 4집 『All Eyez On Me』는 1996년 차트 정상을 밟은 후, 그해 7백만 장이 판매되었다. 현재 미국에서만 1천만 장 넘게 팔려나간 이 음반과 더불어 그의 앨범은 지금껏 무려 3천8백만 장 이상의 판매량을 기록해 현존하는 힙합 아티스트 가운데 가장 많은 세일즈 포인트를 올렸다.

투팍이 힙합 팬들의 절대적인 지지를 받은 이유는 예술성이 담긴 가사와 곡 외에도 마치 랩을 노래 부르듯이 소화해 내는 탁월한 랩 실력 때문이다. 허스키 보이스에서 내뱉는 매끄러운 플로(flow)와 라임 솜씨는 상대 랩 가수들이 탐내고 부러워할 정도로 질투심을 유발시켰다. '데스 로' 소속의 동료 가수 스눕 독은 "만약 내가 투팍의 목소리와 흡사하다면 마지막 앨범 단 한 장만 내놓고 지금 당장이라도 은퇴하겠다."고 말하기도 했다.

빌보드 싱글 차트 1위에 오른 「How Do You Want It」는 눈살을 찌푸리게 하는 노골적인 성(性) 묘사와 비디오 클립도 인상적이었지만, 무엇보다 빈틈을 보이지 않는 탄력적인 그의 래핑이 매력 만점이다.

나의 그것을 엉덩이에 끼고 삽입했다가 도로 빼내는 당신의 방법이 멋지군. 정말 이것을 원했나 보군. 당신도 쾌감

으로 아주 막 찡그리고……그런 얼굴을 하니 당신도 나하
고 하는 섹스를 정말 원했나 보군…….

투팍은 서부 진영의 간판 랩 가수였다. 이스트코스트(East
Coast)에 비해 캘리포니아의 웨스트코스트(West Coast) 랩이 훨
씬 우월하다고 노래하는 서부 랩 찬가 「Califonia Love」는 웨
스트코스트 힙합 신의 중추적 인물이던 투팍을 가장 잘 대변
해 주는 대표곡이다.

보석으로 풀려나 감옥에서 벗어나 꿈꾸던 캘리포니아. 내
가 바깥에 모습을 드러내자마자 팬들의 비명소리가 들려.
돈과 알코올과 서부 생활의 광이 되어 당신을 겁쟁이들이
죽어간 곳에서 갖고 놀아주마. 오직 우리가 살고 있는 캘리
포니아에서 경쟁자들은 죽고 또 살지.

발리즈(Ballies)가 아닌 척스(Chucks)를 입는 우리 LA가
(음, 맞아) 록스(Locs)와 캐키 수츠(Khaki Suits)를 입고 차를
타는 것이 우리들 일이야. 그러나 주의하라 우린 다른 회사
제품을 입을 지도 몰라. 왜냐면 우린 인터넷을 통해 세계적
으로 유명하기 때문이야. 롱비치로부터 로즈 그랜즈까지 모
조리 알려주마. 느린 잼 음악에 맞춰서 춤을 추는 이곳은 서
부 데스 로, 누구에게도 허리를 굽히지 않을 것이야…….

사망 후에도 투팍은 스타였다. 지금까지 꾸준히 발표되는

사후 앨범을 보고 있노라면 그가 죽지 않고 살아서 새로운 음반을 지속적으로 토해내는 것만 같다. 때문에 일부 사람들은 그의 죽음은 위조되었고, 그가 아직 살아있다는 '생존 이론(survival theory)'를 펴기도 한다. 대표적으로 그가 사망한 그해 11월에 '마카벨리(Makaveli)'라는 별칭으로 공개된 『Don Killuminati 7-Day Theory』부터 시작된 사후 음반 퍼레이드는 현재 일곱 장이 지속적으로 밀리언셀러를 기록했다.

작업 파트너였던 프로듀서 다즈 딜링저(Daz Dillinger)는 "죽기 전에 투팍은 '데스 로'에서 아직 공개하지 않은 미발표 트랙만 거의 7백 곡 가량 만들어 놓았다. 나와 함께 작업한 곡만 해도 백이십 곡이 넘는다."고 밝혀 화제를 모았다. 앞으로도 투팍의 음반이 꾸준히 나올 것을 짐작케 하는 대목이다.

복수혈전

이스트코스트와 웨스트코스트 힙합 신의 랩 전쟁은 살벌하기로 유명하다. 미국 동부와 서부 양쪽 랩 진영의 대립이 수면 위로 부상하게 된 계기는 1991년 뉴욕 브롱크스 출신의 래퍼 팀 독(Tim Dog)이 자신의 곡 「Fuck Compton」에서 서부의 갱스터 랩 그룹 N.W.A를 비난하면서 시작됐다. 이후 피 튀기는 냉전은 투팍과 그의 라이벌인 노토리어스 비아이지(The Notorious B.I.G)와의 악독한 '입 싸움'에 의해 절정으로 치솟는다. 노토리어스 비아이지는 뉴욕 출신의 갱스터 래퍼로서 비기 스몰스

(Biggie Smalls, 본명은 Christopher Wallace)라고도 불리던 '배드 보이(Bad Boy)' 사단의 간판 인물이었다. 1994년 퍼프 대디(Puffy Daddy, 현재 P. Diddy)가 제작한 비기의 데뷔 앨범 『Ready To Die』는 이듬해 각종 차트를 휩쓴 최고의 랩 음반으로 부상했다. 그 시기를 전후해 투팍과 비기의 갈등과 대립은 심화된다. 말하자면 앨범의 가사와 인터뷰를 통해 상대방을 헐뜯고 비난하는 관계로 악화된 것이다.

사건은 1994년 11월 30일 투팍이 뉴욕 맨해튼의 녹음 스튜디오 로비에서 갱들에게 5발의 총을 맞고 4만 달러어치의 금품을 도난 당하면서 불거졌다. 다행히도 기적같이 회생한 투팍은 "퍼프와 비기 일당의 의도된 공격"이라며 공개적으로 그들을 비난했다. 그러나 비기는 자신은 그 사건과 아무런 상관도 없다며 사실을 일축했고, 급기야는 그 일로 인해 서로 잡아먹을 듯한 심리전으로 치닫게 되었다. 과거 친구 사이였던 그 둘이 한순간 우정을 등지고 배신을 택한 것이다. 결과는 '복수혈전'으로 이어졌다. 투팍은 그의 곡 「Hit 'Em Up」에서 그간 담아두었던 악한 감정을 모두 내뱉었다. 가사 내용에서 보듯, 차마 입에 담기 힘든 악의적인 발언과 비방이 비기의 심기를 건드릴 만하다.

처음에 너의 개 같은 마누라를 강간하고 너와 싸우지 않겠다고 했지. 서부에서 돌아다닐 때 넌 게임을 가르쳐주겠다고 했지. 넌 당당히 경기를 겨루자고 주장했지만 난 너의 아내를 강간했어. 우리는 배드 보이 검둥이들을 불태워 버리고 너희들의 인생을 망쳐 버리겠어. 그리고 퍼프는 내가 총에 맞은 상처로 인해 약해진 모습을 보고 싶어했지. 비기와 쥬니어 마피아 그리고 몇몇 눈에 띄는 개놈들. 우리는 너의 소중한 것들을 뺏기 위해 총질을 계속 할 것이고 그 멍청이들을 다 불태워 버리겠어……이젠 사라져라 릴 킴, 진짜 갱스터와 섹스하지 말아라. 너의 추한 엉덩이를 치워버리고 거리에서 사라지게 해주겠어. 빌어먹을 평화 난 그 검둥이에게 알려줄 것이야. 살고 싶으면 밤에는 서부를 다니지 말라고, 배드 보이는 레코드와 그들 모두 살해될 거야. 나와 싸우자 그러면 난 살이 벗겨진 너의 두개골을 얻을 거야…….

죽음의 문턱까지 오고가는 한마디로 '살인 현장'을 방불케 한다. 투팍은 퍼프 대디에게도 공개적인 직격탄을 날렸다. "그는 뚱보 비기와 항상 같이 다니며 데스 로와 경쟁하는 빌어먹을 녀석이다."

투팍이 비기의 아내인 R&B 여가수 페이스 에반스(Faith Evans)와 잠자리를 가졌다는 충격적인 '디쓰(diss, 미국 랩 가수들이 노랫말을 통해 상대방을 공격하고 헐뜯는 일)'가 더욱 비기의 감정을 상하게 만들었다. 낯선 남자가 자기 아내와 성관계를 가졌다는데 가만히 있을 남편이 어디 있을까. 게다가 투팍은 배드 보이 레이블은 물론이고 소속 여가수 릴 킴(Lil' Kim)과 그녀가 소속했던 그룹 주니어 마피아(Junior M.A.F.I.A.)까지 싸잡아 비난했다. 이렇게 조롱하고 나니까 비기도 가만히 있을 리가 없었다. 비기는 인터뷰를 통해 "투팍의 랩은 썩어 빠진 더러운 쓰레기"라며 "빌어먹을 놈, 자다가 총살당할 각오해라."고 살인 협박에 가까운 무서운 발언도 서슴지 않았다.

그 둘의 싸움은 사실상 경쟁사인 데스 로와 배드 보이간의 권력 전쟁이었다. 1995년 소스 어워드(Source Award) 시상식에서 서지 나이트가 퍼프 대디를 조롱하면서 분위기는 혈투로 치달았다. 당시 승승장구하던 양 레이블의 모굴(mogul, 거물)들이 가세한 셈인데, 그 둘의 대립은 거기서 끝나지 않았다. 나이트는 데스 로의 이름으로 실시되는 힙합 전체의 랩 게임을 제안한 적이 있다. 그러나 강력히 반대하던 퍼프는 "만약 누군가 음반을 내길 원한다면 레코드 사장이 뮤직 비디오에서 직접 춤추고 노래하는 데스 로 같은 추잡한 곳에서는 결코 내지 않을 것"이라며 나이트를 비난했다. 그 둘의 신경전이 날카로울 수밖에 없는 것은 당연지사였다.

투팍은 죽기 3일 전 뉴욕에서 개최된 MTV 비디오 뮤직 어워드 시상식장에 삼엄한 경비를 배치시켰다. 죽음을 예견이라도 한 모양이었다.

누가 투팍을 죽였는가?

투팍의 사망과 관련된 진실은 아직 풀리지 않는 수수께끼

로 남아 있다. 과연 누가 그를 죽였을까? 여태껏 무성한 추측만이 떠도는 가운데 그간 언론에서는 그의 죽음을 둘러싸고 3가지 이론이 제기되었다. 그 의문의 진상을 파헤치는 과정은 마치 한편의 추리소설이나 스릴러 영화와도 흡사했다.

사건 당일 경기장을 빠져나오던 투팍 일행은 흑인 청년 패거리들과 난투극에 휩쓸렸다. 그들의 몸싸움은 호텔 내부에 설치된 감시 카메라에 의해 포착됐다. 첫 번째는 그날 다투었던 일당들이 투팍이 타고 있던 BMW를 따라와 그를 살해했다는 주장이다. 사건을 담당했던 카셀 형사는 거리의 범죄일 가능성을 시사했다.

"라스베가스에서 갱단의 활동은 심각한 수준에 달해 있어요. 우리는 그것을 치료 불가능한 범죄라 부르죠. 조직의 구성은 비록 마구잡이 형태로 보이지만, 그들은 매우 파워풀하고 폭력적입니다." 하지만 라스베가스 경찰 당국은 난투극과 관련된 비디오테이프와 보고서를 믿지 않았다. 증거가 불확실하다는 것이다.

두 번째는 평소 LA 갱단과 연루된 서지 나이트가 개입되었다는 주장이다. 사건이 발생하고 며칠 뒤 FBI는 범죄 조직과 연루됐다고 의혹이 제기된 '데스 로' 측을 조사하기도 했다. 분명한 것은 나이트가 전과 기록이 있다는 것이다. 네바다 대학 풋볼 선수 출신으로 150Kg의 거구에 험악한 인상으로 유명한 그는 폭력으로 사업을 운영해 온 전형적인 조직 폭력배의 보스라는 루머도 나돌았다. 한마디로 연예 산업에서 힘과 권력으로 성공한 '배드 보이' 이미지를 지닌 인물이었다.

당시 투팍은 계약 조건에 불만족을 표시하며 레이블을 떠나려 했다는 소문도 퍼졌다. 나이트는 사실무근이라고 끝내 부정했지만, 실제로 『뉴욕포스트』지는 "투팍이 데스 로를 곧 떠날 것으로 보인다."고 보도한 바 있다. 의심이 가는 부분은 사고 당일 범인들이 오로지 투팍을 향해 총기를 난사했다는 점이다. 놀랍게도 나이트와 나머지 일행은 그 후 총격 사건에 대해 침묵으로 일관했으며, 그들은 흰색 캐딜락만 확인한 채 투팍의 살해자를 직접 눈으로 확인하지 못했다는 입장만 계속 고수했다.

무엇보다 가장 유력한 가설은 당장이라도 폭력이 수반될 것 같던 이스트코스트와 웨스트코스트 진영 사이의 반목과 관련된 주장이다. 공개적으로 상대방을 비방하던 그들이 급기야 가까운 갱단을 시켜 살해를 청탁했다는 것이다. 그러나 사고가 있은 뒤 퍼프와 비기는 자신들은 전혀 모르는 사실이라고 언론을 통해 강하게 반박했고, 특히 사고 후 퍼프는 투팍의 친구들과 가족들에게 진심 어린 애도를 보내기도 했다.

투팍이 사망하고 정확히 6개월 뒤인 1997년 3월 8일 LA에서 비기가 똑같이 총격으로 사망하자 서로 과도한 대립 관계로 파생된 열광적인 추종자들이 그 둘을 총살했다는 추측도 나왔다. 2002년 9월 『LA 타임스』지는 "2년 간 지속적으로 추적한 결과, 비기가 올란도 앤더슨(Orlando Anderson)이라는 자와 측근 갱단원에게 투팍의 살해를 청탁시킨 것으로 보인다."

며 "동부 랩 세력에서 저지른 일"이라고 보도했다.

하지만 그것은 단서가 될 만한 흔적에 불과했다. 비기의 가족들은 그 기사가 거짓이라며 완강히 부인했다. 그의 아내 페이스 에반스는 "그날 비기는 날 불러내 울었어요. 투팍이 사망한 소식을 듣고 두렵다고 말했죠."라고 부정했다. 또한 영화 「비기와 투팍」을 제작한 다큐멘터리 영화감독 닉 브룸필드(Nick Broomfield)는 그들의 불화와 죽음에 관련된 사실들을 치밀하게 추적한 결과 "그 기사는 편협하고 편견에 치우친 보도"라고 일축했다.

투팍의 죽음으로 가장 슬퍼했던 사람은 바로 그의 가족이었다. 인터뷰 도중 그의 아내 케이샤 모리스(Keisha Morris)는 "난 여전히 그가 살아 돌아올 날을 기다려요. 결코 그가 죽었다고 생각하지 않거든요. 예전처럼 나중에라도 그가 병원 밖으로 다시 걸어 나올 것을 매일 기도해요."라며 눈물을 흘렸다. 이제 투팍은 이 세상에 존재하지 않는다. 오직 그의 음악과 그의 영화, 그의 시, 인터뷰만이 남아 있을 뿐이다.

2003년 10월『포브스』지가 실시한 사망한 예술가 소득 조사에서 투팍은 전체 순위 8위에 랭크됐다. 팝 가수로는 엘비스 프레슬리, 존 레논, 조지 해리슨 다음이었다. 한 해 동안 그의 음반, 비디오, 영화 등 그와 관련된 지적재산권은 무려 1천 2백만 달러를 벌어들였다. 국내에서는 2004년 6월 여성 그룹 베이비 복스가 투팍의 음원을 사용해 큰 소동을 야기하기도 했다.

힙합 사회에서 이제 투팍의 존재는 1990년대 록 문화권의 커트 코베인처럼 고뇌와 분노의 상징처럼 부각된다. 현재는 고(故) 마빈 게이, 지미 헨드릭스, 심지어는 마틴 루터 킹 목사나 말콤 X, 무하마드 알리처럼 흑인들에게는 신화적인 인물로 그려지기도 한다. 그가 1990년대 흑인문화를 통틀어 가장 드라마틱하고 인상적인 활동을 보여주었다는 것에 이의를 제기할 사람은 아무도 없다. 최후의 그날까지도 진정 '갱(gang)'다운 모습으로 생을 마감한 투팍의 인생은 가장 화려하면서도 가장 비극적인 갱스터의 삶과 인생을 보여주었다.

미국 대중문화의 우상으로 등극한 21세기 팝 아이콘 - 에미넴

미국 신세대들의 새로운 우상

2002년 11월 미국 박스 오피스 1위에 등극한 영화는 블록 버스터 대작도, 할리우드 A급 배우의 작품도 아니었다. 바로 백인 랩 가수 에미넴이 주연한 「8마일 8mile」이었다. 개봉 첫 주만에 5천만 달러의 흥행 실적을 거둔 이 영화의 매머드 성공은 에미넴을 미국 신세대들의 새로운 우상으로 부각시켰다. 그해 연말 화제의 주인공은 단연 에미넴이었다. 각종 매스컴을 통해 그와 관련된 기사는 최고의 이슈를 불러일으켰고, 그가 가는 곳에는 연일 카메라 샷이 귀신처럼 따라다녔다. 미국의 흥행 전문지 『박스오피스』와 영국의 『더 타임스』지는 외설적이고 폭력적인 랩으로 기성세대 부모들을 경악케 했던 에미넴이 「8마일」로 엘비스 프레슬리에 버금가는 미국 문화의 새로운 우상으로 떠올랐다고 보도했다. 요컨대 엘비스와의 비교는 백인임에도 불구하고 흑인들의 랩으로 돈방석에 올랐다는 점을 강조해서 한 말이다.

말썽꾸러기 팝 스타의 자전적 요소가 강했던 「8마일」은 전세계 곳곳의 영화 팬들을 스크린으로 끌어들였다. 이미 랩으로 성공가도를 내달린 그의 시너지 효과가 영화를 더욱 부각시켜준 매개체였다. 영화를 보고 난 관객들은 단지 그의 랩뿐만 아니라 과거 그의 인생에 대해서도 관심과 애정을 갖기 시작했다. "에미넴의 삶이 정말 저랬을까, 너무 멋있잖아!", "연기도 정말 잘 하는군, 탁월한 배우 같아!"

영화가 비단 대중들의 입맛만 끌어당긴 건 아니었다. 영화를 바라보던 비평가들조차도 「8마일」을 보고 찬사 일색이었다. 미국의 유력 언론사 CNN은 그를 '반항 스타 제임스 딘', '신세대 엘비스'와 비견할 만한 인물로 평가했으며, 작가 스티븐 킹은 "그는 재미있고 영리하며 가끔은 충격을 던져준다. 그것은 내가 로큰롤을 들으면서 추구하는 모든 것"이라고 찬양했다. 또한 『뉴욕타임스』지도 곧바로 특별 기사를 게재하였는데, 영화 비평가 엘비스 미첼의 말을 인용해 "이와 같은 랩가수의 영화가 주류 영화에 합류한 것은 보이밴드 엔 싱크(N Sync) 멤버가 우주여행을 시도한 것보다 더 놀라운 일"이라고 지적했다.

그해 『뉴스위크』지는 에미넴이 직접 부른 영화 주제곡 「Lose Yourself」를 '올해 최고의 음악'으로 선정했다. 그 곡은 빌보드 차트에서 12주간이나 넘버원을 차지한 2002년 최고 히트곡 중 하나로 인기를 끌었다. 게다가 3집 『The Eminem Show』는 『빌보드』지가 실시한 연말 집계 조사에서 가장 많은 세일즈를 기록, '올해의 앨범'으로 뽑혔다. 또한 앨범 차트 1위에 오른 사운드트랙마저도 판매 순위 5위에 랭크됐다. 그야말로 그칠 줄 모르는 히트 퍼레이드의 연속이었다.

2002년 12월, 『롤링스톤』지 독자들이 선정한 '최우수 팝 가수'와 '최고 힙합 아티스트' 자리에는 에미넴의 이름이 동시에 올라와 있었다. 그리고 이듬해 3월 『스핀』지가 선정한 '가장 영향력 있는 아티스트 Top 40' 순위에서 그는 당당히 1위에 올랐다. 또한 그 무렵 그는 팝계 파워 랭킹 1위에도 올랐다. 이후로 아메리칸 뮤직 어워드(American Music Award), 그래미 어워즈, 브릿 어워드(Brit Award)에 이어, 심지어 「8마일」의 주제곡 「Lose Yourself」로 오스카상을 수상하는 등 각종 음악상을 독식하며 명실상부 최고의 팝 가수로 등극했다. 가히 천하무적 에미넴이었다. 그 결과 미국의 대중문화를 이해하기 위해서는 에미넴의 음악을 들어야 한다는 말까지 나올 정도였다. 그의 음악이 곧 최신 유행 코드와도 직결되었던 것이다.

에미넴의 팬 연령층은 「8마일」로 인해 이전에 비해 훨씬 다양해졌다. 특히 영화에 등장하는 랩 배틀 장면은 랩에 대한 상세한 설명과 함께 그 매력을 배가시킨 중요한 소재로 부각

되었다. 인터뷰에서 그는 "이제 랩을 즐기는 세대가 과거 젊은 층에서 벗어나 5세부터 55세까지로 한껏 넓어졌다."고 밝히기도 했다. 다소 과장은 있더라도 「8마일」상영 이후로 힙합 문화에 대한 전반적인 이해와 기반이 폭넓어지고 탄탄해지리라는 걸 쉽사리 예측할 수 있는 대목이다. 그러나 일각에서는 비판의 목소리도 적지 않았다. 엘비스가 흑인 창법을 흉내내며 백만장자가 되었듯이, 노랑머리 에미넴 역시 흑인 상품을 팔아 치우면서 스타덤에 올랐다는 것이다.

밑바닥 인생에서 스타가 되기까지

에미넴의 영화 「8마일」이 관객들의 폭발적인 호응을 얻어낼 수 있었던 점은 지난날 그의 삶을 사실적으로 재조명했다는 데 있다. 영화에 등장하는 지미 스미스의 캐릭터는 실제로 스타가 되기 이전의 에미넴과 거의 흡사한 존재였다. 영화에서 보여지듯 그의 성장기는 한마디로 '불행'의 연속이었다. 1972년 10월 17일 캔자스에서 태어난 에미넴은 본명이 마샬 브루스 매더스 3세(Marshall Bruce Mathers III)이다. 그는 세상에 나오자마자 아버지의 존재는 알지도 못했고, 일찍이 홀어머니 데비 매더스(Debbie Mathers)와 함께 가난한 생활을 해야만 했다. 그의 어린 시절은 빈민가 흑인들의 삶과 별반 다를게 없었다. 10대 시절 디트로이트 공업지대에 정착해 그곳에서 청소년기를 보낸 그는 늘 낙오자처럼 방황과 탈선을 일삼았다. 그 시절 그에게 랩은 분노의 탈출구였다. 그의 인생에서 유일한 즐거움은 랩이었고, 오직 랩이 고통에서 벗어나는 길이었다. 그는 고등학교를 중퇴한 이후로 디트로이트 로컬 클럽을 전전하면서 훗날 랩 가수에 대한 꿈을 키워 나갔다. 그에게 랩은 종교와도 같았다.

19세 되던 해 그의 삶에 절대적인 영향을 끼친 삼촌 로니(Ronnie)의 자살로 에미넴은 헤어날 수 없는 큰 충격에 빠졌다. 그에게는 하루하루가 고통의 나날이었다. 결국 어머니와의 관계도 소원해졌고, 틈만 나면 마약과 알코올에 탐닉하기 시작했다. 그는 당시 상황을 회상하며 자살을 시도한 적도 있었다고 고백했다. 그런 비참한 생활은 그가 훗날 독설로 가득한 날카롭고 공격적인 가사를 쓰게 된 원동력이었다.

1996년 에미넴은 첫 번째 인디 음반 『Infinite』를 내놓지만 별다른 성과를 거두지 못했다. 디트로이트 로컬 신에서 랩 가수가 되겠다던 백인에게 그 누구도 관심을 보일 리가 없었던 것이다. 낮에는 패밀리 레스토랑에서 일했고, 밤에는 외로이 랩 연습에 고군분투하던 그에게 1997년에 이르러서야 때마침 기회가 찾아왔다. 랩 경연대회라고 불리던 'LA 랩 올림픽'에 참가해 「5 Star Generals」이라는 곡으로 2위에 입상한 것이다. 이후 그가 처한 비참한 환경은 조금씩 바뀌기 시작했다. 수많은 언더그라운드 청중들이 'M&M'이라 불리던 에미넴의 랩에 빠져들었고, 그는 서서히 유명세를 타기 시작했다.

"어느 날 갑자기 지미 아이오빈(Jimmy Iovine)이 내 목소리가 담긴 프리스타일 데모 테이프를 닥터 드레에게 넘겨주었죠. 배틀이 끝난 뒤 누군가가 내게서 빼앗아 갔던 거였어요."
에미넴의 랩 실력은 현재 인터스코프(Interscope) 레코드사 사장 지미 아이오빈을 거쳐 결국 닥터 드레의 귀로 들어가게 됐다. 1998년 LA에 있는 한 라디오 방송국에서 에미넴의 데모 테이프를 들은 드레는 이내 그와 파트너십을 제안했다. 영리한 에미넴이 찬스를 놓칠 리가 없었다. 그는 곧장 '인터스코프'와 계약했고, 드레는 메이저 데뷔작「The Slim Shady LP」의 프로듀싱에 들어갔다.

드레는 에미넴을 만난 첫 느낌을 이렇게 묘사했다. "그의 재능을 그냥 놔두면 안 되겠다는 생각이 들었어요. 그의 래핑을 듣는 순간 깜짝 놀랐거든요. 그 후 음반이 나오기까지 그 기간은 불과 6개월도 걸리지 않았죠. 그는 결과에 만족했어요. 정말 우린 호흡이 잘 맞았어요."

그 둘의 만남은 필연이었을까? 서로 첫 만남을 가진 뒤 한 시간 만에 첫 싱글「My Name Is」의 녹음 작업을 뚝딱 해치워 버렸다. 그렇게 해서 1999년 2월 탄생된 1집은 에미넴의 성공 신화를 하나씩 창조해 나갔다.

안녕 애들아 너희들 폭력을 좋아하니? 내가 내 눈에 9인치 못을 박는 거 보고 싶니? 내가 한 짓이랑 똑같은 짓들 해볼래? 마약하고 내 인생보다 더 망가져 볼래? 내 머리는 쓸데없는 것들로 가득하지. 정신을 차려보려 하지만 스파이스 걸스 중에 누굴 임신시키고 싶었는지도 모르겠어. 닥터 드레가 내게 심한 말을 하더군. 음, 너 왜 얼굴이 그렇게 빨갛지? 너 마약했구나. 12살 이후로 난 내가 다른 사람인 것처럼 느껴왔지. 왜냐하면 내 본모습은 침대에다가 벨트로 매달아 놓았거든. 열 받아서 파멜라 리의 젖가슴을 찢어버렸지. 그리고 후려쳐서 크리스 크로스처럼 그녀의 옷을 뒤집어 놓았지. 대마초 한대 피우고 난 주저앉았지. 개 같은 뚱보 년이 앉는 것보다 빨리 말야. 이리와 이 창녀야. 쉐이디, 잠깐 그 여자는 내 여자야. 엿이나 먹어 신은 이 세상을 화내게 하려고 날 보낸 거야……

주류 팝계에 이 곡은 등장하자마자 센세이션을 일으켰다. 대다수는 에미넴의 목소리만 듣고 그가 흑인인 줄로 착각했다. 마치 흑인보다 더 흑인처럼 구사하는 그의 랩 스킬(실력)에 실제 흑인들마저 혀를 내둘렀다. 그의 최대 장점은 독침처럼 톡톡 쏘아 내뱉는 독특한 코맹맹이 래핑이었다. 마치 목에 가래 덩어리가 걸린 듯한 '맹꽁이 입담'은 한번 딱 들으면 누구나 그의 랩 보컬인지 금방 알아차렸다.

곡에 등장하는 에미넴의 문학적 페르소나(persona)이자 얼터에고(alter-ego)인 슬림 셰이디(Slim Shady)를 그는 이렇게 표현한다. "서로 다른 양면성을 지닌 악마 같은 놈, 비아냥거리는 독설가!" 그의 말처럼 에미넴의 가사에는 스타들을 도마에 올려놓고 그들의 귀를 간지럽게 하는 악독한 비꼼이 재치와 유머로 그려진다. 그 후에 등장하는 일련의 히트곡들도 마찬가지다.

왜 미(美) 대륙은 에미넴에게 열광하는가?

대도시 빈민가의 밑바닥 인생을 거쳐 지금의 대중 스타가 되기까지 그의 인생 역전 스토리는 한 마디로 드라마틱하다. 자세히 들여다보면 마치 한 편의 영화를 방불케 한다. 불운했던 가정환경을 극복하고 불완전했던 미래를 스스로 이겨낸 개척정신은 가히 놀라울 따름이다. 자고 일어났더니 하루아침에 스타가 된 경우가 아니라, 언더그라운드 시절부터 랩에 대한 열정과 노력이 있었기에 가능했던 일이다. 그래서 그는 신세대들에게 꿈과 희망의 전도사다.

1집부터 「8마일」 사운드트랙까지 그가 거둬들인 단기간 앨범 판매량은 엄청난 수치를 자랑한다. 그가 내놓은 메이저 음반들은 모조리 멀티 플래티넘을 따냈고, 2집과 3집은 1천만 장이 넘는 다이아몬드 레코드를 기록했다. 2000년 5월, 2집 『The Marshall Mathers LP』는 하나의 커다란 '에미넴 현상'을 야기했다. 발매 첫 주만에 1백7십만 장이 팔려 나가 그동안 브리트니 스피어스(Britney Spears)가 가지고 있던 솔로 가수의 첫 주 판매량 기록을 경신했던 것이다. 이는 힙합 역사상 가장 빠른 시일에 가장 많이 팔려 나간 랩 음반이었다.

에미넴의 음악이 팝음악을 사랑하는 사람들에게 열렬한 지지를 받는 이유는 흑백 인종 모두에게 공감대를 형성했기 때문이다. 백인들은 그가 백인이기에 별 거부감 없이 그의 음악을 받아들였으며, 흑인들은 그가 힙합을 하기 때문에 그의 랩을 즐겼다. 2002년 4월 영국의 『더 페이스』지와 가진 인터뷰에서 그는 "내 음악적 뿌리는 어린 시절 즐겨 듣던 에어로스미스, 레드 제플린, 지미 헨드릭스 같은 록 음악"이라고 밝혔다. 에어로스미스의 고전 「Dream On」을 샘플로 사용한 「Sing For The Moment」의 경우처럼, 에미넴의 음악에는 로큰롤의 영향도 강하게 묻어난다.

개구쟁이처럼 말썽을 일삼더라도 대중들이 에미넴을 사랑할 수밖에 없는 또 다른 이유는 무엇보다 솔직한 라임 때문이다. 오히려 대다수는 그의 직선적인 성격과 건방진 태도, 다부진 근성에 갈채를 보낸다. 입만 열었다 하면 화제성 발언을 연거푸 쏟아내는 천방지축 '에미넴 쇼'는 말초 신경을 자극하는 중독성도 지닌다. 그것이 에미넴 패밀리들에게 환영받는 비결이다.

에미넴의 음악이 시대를 잘 대변해 준 점도 성공 신화에 불을 댕겼다. 새 천년으로 접어들면서 팝 시장은 유독 흑인음악이 그 어느 때보다도 강세다. 빌보드 차트만 보더라도 흑인음악이 상위권을 거의 독점하는 현상이 지금껏 계속되고 있다. 뭐니뭐니해도 가장 큰 이유라면 흑인의 상품이 백인의 것보다 훨씬 대중들의 호기심을 자극하기 때문이다. 그 결과 저스틴 팀버레이크와 브리트니 스피어스, 크리스티나 아길레라(Christina

Aguillera), 핑크(Pink), 조스 스톤(Joss Stone) 등 신세대 백인 가수들이 자연스레 흑인음악을 구사하는 실정이다.

2003년 10월 영국의 BBC 인터넷 판은 "사상 처음으로 빌보드에 흑인음악이 Top 10을 석권했다."고 보도했다. 차트에 오른 곡들이 모조리 흑인음악으로 기록된 빌보드 역사상 보기 드문 기현상이 일어난 것이다. 그 도표는 21세기 팝 시장에서 흑인음악이 하나의 커다란 '팝 코드'로 정착했다는 것을 반증하는 자료다. 그해 차트 1위에 오른 곡 가운데 무려 8곡이 흑인 가수의 음악이었다는 점은 가히 놀라울 따름이다.

지구촌 어디를 가도 미국 팝 시장만큼 흑인 아티스트들이 최고의 대접을 받는 곳은 없다. 물론 로큰롤 밴드들은 장기간 투어와 공연으로 꾸준히 수입원을 챙기고 있지만 주류 유행 창출은 흑인 가수들의 몫이다. 현재 최고의 인기를 내달리고 있는 아웃캐스트(OutKast), 비욘세(Beyonce), 어셔(Usher), 알리샤 키스(Alicia Keys) 등이 이를 잘 말해 준다. 에미넴이 흑인음악으로 최고의 자리에 오를 수 있었던 건 어쩌면 그의 음악이 시대의 조류에 잘 부합했기 때문일지도 모를 일이다.

마지막으로 덧붙이자면 그가 백인이었다는 점도 무시할 수 없다. 다수 흑인들의 영역에서 소수 백인의 존재는 훨씬 인상적이다. 지미 헨드릭스나 프린스(Prince), 레니 크래비츠(Lenny Kravitz) 같은 흑인 뮤지션들이 록 음악을 구사해 호평을 받은 것도 그 이유 때문일 것이다. 에미넴이 활동하기 이전에도 비스티 보이스, 바닐라 아이스, 스노우 등 백인 랩 가수들이 존재했지만, 그들은 '백인 랩'을 하나의 문화 현상으로 끌어올리지는 못했다. 엄연히 그들과 에미넴의 차별성은 존재한다.

세기의 독설가

에미넴의 독설은 무척이나 재미있다. 누구라도 그의 레이더 망에 흠집이 잡히면 즉시 '디쓰'를 당하기 일쑤다. 대상 구분도 불분명하다. 팝 스타든 정치인이든, 그가 마음에 내키지 않는 인물이 있으면 모조리 싸잡아 비난한다. 그를 두고 '트러블 메이커', '말썽꾸러기 촉새'라고 하는 이유가 여기에 있다. 2집 『The Marshall Mathers LP』에 수록된 리드 싱글 「The Real Slim Shady」는 가사로 인해 또 한차례 매스컴의 입방아에 오르내렸다.

윌 스미스는 앨범을 팔아야 한답시고 자기 랩에 욕설을 집어넣지 않아. 그런데 난 한다고, 그러니 그 놈은 빌어먹을 녀석이야…… 젠장 크리스티나 아길레라, 나랑 자리를 바꾸는 게 신상에 좋을 거야. 그래야 내가 칼슨 댈리와 프레드 더스트 바로 옆에 앉지. 그래야 그 여자가 누구에게 먼저 오랄 섹스를 해줬는지를 가지고 싸우는 걸 제대로 들어줄 수가 있지. 너 계집년아, 날 MTV에서 놀렸다 이거지. "네, 그 남자는 귀여워요, 하지만 그는 킴이란 여자랑 결혼한 거 같던데, 히히!" MP3로 그 여자의 오디오를 다운로드 받아야겠어. 그래서 네가 에미넴에게 어떻게 성병을 옮겼는지를 온 천하에 알려 줘야겠어. 난 너네 같잖은 보이 그룹에는 신물이 나, 그들이 하는 짓은 죄다 짜증난다고……

에미넴은 여기에서 당시 차세대 팝 디바로 부상하던 크리스티나 아길레라가 림프 비즈킷(Limp Bizkit)의 프레드 더스트(Fred Durst)와 MTV의 브이제이(VJ) 칼슨 댈리(Carson Daly)에게 오랄 섹스를 했다며 증거도 없이 노래했다. 왜 이런 가사를 쓰게 됐는지에 관한 에미넴의 발언은 이렇다.

"언젠가 MTV에 출연한 아길레라는 내가 결혼한 사실을 밝히지 않았다며 날 비난했다. 또한 그녀는 내 뮤직비디오를 이야기하면서 거의 폐물 취급했다……매스컴을 통해 그녀를 추방시켜야 한다고 생각한 적은 없다. 왜냐하면 아길레라는 내가 그 노래를 쓸 당시엔 내 생활이 어땠는지 쥐뿔도 모르고 있었으니까. 설령 어떤 마음에 들지 않았던 것들도……난 내 음악을 향해 직접 질문을 던진다. 당신도 알잖아. 내가 무엇을 말하려는지, 난 불을 위해서 싸운다. 아길레라뿐만 아니라 스피어스, 백스트리트 보이스, 엔 싱크도 마찬가지다."

나중에 그는 이렇게 털어놓았다. 「The Real Slim Shady」는 심각하게 받아들이라고 쓴 곡이 아니다. 그 노래는 병적이고 사이코 같은 생각들을 늘어놓은 것이다." 그가 하고 싶은 이야기는 철저히 노래로 만들어진다. 1998년 인디 음반 『The Slim Shady EP』에 수록된 「Just The Two Of Us」는 엄마를 죽이고 그녀의 시체를 해변에 묻어버리자고 그의 딸 헤일리(Hailie)와 함께 이야기하는 충격적인 내용을 담고 있다. 마치 공포 영화의 한 장면처럼 소름이 쫙 돋친다. 바로 자신의 아내이자 헤일리의 엄마인 킴벌리(Kimberly)에 관한 가사다.

또한 부인의 시체를 트렁크에 싣고는 딸과 대화를 나누며 해안가로 차를 몰고 간다는 「97' Bonnie & Clyde」, 한 사람이 사고를 치려고 할 때마다 선과 악, 두 양심이 일종의 랩 배틀을 벌이는 「Guilty Conscience」, 그의 뇌가 머리통 밖으로 빠져나왔다는 엽기적인 표현도 마다하지 않는 「Brain Damage」 등 1집에서 그가 노래한 가사는 충격적인 스토리로 즐비하다.

그 후로도 에미넴의 돌출 행동은 갈수록 강도를 더했다. 2집에 수록된 「Kill You」의 경우 어머니를 강간하는 가사를 담아 여러 단체들로부터 반발을 샀고, 결국 그의 모친으로부터 명예훼손을 당해 1천6백만 달러를 물어주기도 했다. 에미넴과 모친 데비가 서로 칼을 갈 정도로 '냉전 관계'라는 것은 이미 매스컴을 통해 공개된 사실이다.

에미넴은 데뷔 직후부터 각종 언론과의 인터뷰에서 내 어머니는 어린 시절부터 술과 남자, 그리고 마약에 빠져 가족을 내팽개친 사람이라고 비난했다. 「Kill You」의 가사에는 이런 내용이 나온다. "내가 어린 시절에 엄마는 아빠가 나쁜 사람이라고 말했어. 그가 날 미워한다고. 그러나 어른이 되니 알았어. 엄마가 미친 여자라는 걸……개년, 널 죽여 버릴 테야." 결국 데비는 가사에 격분한 나머지 2000년 8월 아들을 고소

했다. 이후 에미넴은 어머니에 대한 경제적 원조를 중단하며 연락을 일절 끊어버렸다. 허나 에미넴은 이에 대해 반박했다. "언론은 단지 그 노래의 몇 소절 때문에 어머니에 관한 내용이라 떠벌린다. 절대 그렇지 않다. 「Kill You」의 전체적인 컨셉은 완전히 개망나니에 관한 것이다. 사람들에게 내가 돌아왔다는 것을 알리기 위해 고의적으로 만든 것이다."

2002년 8월, 그는 3집의 두 번째 싱글 『Cleanin Out My Closet』이 어머니와 관련된 개인적인 감정을 노래했다고 밝혔다. "미안해요 엄마, 결코 내가 당신에게 상처를 줄려고 했던 것은 아니에요. 결코 당신이 흘리는 눈물을 보려고 했던 것도 아니에요." 「Kill You」로 인해 심기가 불편한 관계에 놓였던 어머니에 대한 아들의 사죄라고나 할까!

3집 『The Eminem Show』의 첫 싱글 「Without Me」에서 그는 테크노 뮤지션 모비(Moby)에게로 공격 대상을 바꾸었다. 그의 모비를 향한 조롱과 독설을 들어보자.

"모비? 넌 오비 트라이스한테 짓밟힐 수도 있어. 당신은 36세의 늙은 대머리 심부름꾼이야……당신은 날 알지 못해. 당신은 너무 늙었어. 그냥 포기해. 이제 아무도 테크노를 듣지 않아."

에에 대해 모비는 "유명인들 가운데 신보에서 자기를 가장 먼저 씹어준 것에 대해 영광스럽게 생각한다. 뮤지션들에게는 어떤 책임감 같은 것이 있어야 한다. 내 이름이 에미넴에게 거론된 것 자체만으로도 재미있는 일이지만, 그가 찬양하는 '동성애 혐오증', '여성 비하 발언'에 대해서는 반대한다. 특히 그런 노래를 듣는 대상이 어린이일 경우는 문제가 더욱 심각하다."고 일갈했다.

에미넴이 로큰롤 랩 스타 에버레스트(Everlast)와 프레드 더스트에게 공격의 탄알을 날린 것도 재미있다. 에미넴이 너무 망둥이처럼 날뛰는 모습에 에버레스트는 매스컴에다 공개적으로 에미넴의 비위를 건드리는 발언을 날렸다. 그랬더니 에미넴은 디트로이트 고향 동료인 D-12(Dirty Dozen) 멤버들과 랩으로 에버레스트에게 경고 메시지를 마구 퍼부었다. 문제는 거기서 끝나지 않았다. 그전에 에버레스트와 하우스 오브 페인에서 한솥밥을 먹었던 림프 비즈킷의 디제이 리썰(DJ Lethal)이 인터뷰를 통해 "에미넴이 랩으로 에버레스트를 누를 수 있을지는 몰라도 싸움으로는 절대 이길 수 없을 것"이라 발언했고, 그에 격분한 에미넴이 계속해서 림프 비즈킷을 비방하고 다녔다. 결국 프레드 더스트까지 개입하게 된 셈이다.

앞서 언급했던 팝스타 외에 그는 미국 정치인 및 백악관 인사들에게도 독설을 퍼붓고 다녀 미국 중산층으로부터 일찌감치 '반문화 인사'로 찍힌 지 오래다. 일례로 2003년 12월 미국의 인터넷 언론인 『드러지 리포트 *Drudge Report*』는 그의 신곡에는 대통령이 죽었으면 좋겠다는 가사가 들어 있어 충격을 던져주고 있다고 전했다. 내용은 다음과 같다.

"빌어먹을 돈, 난 '죽은 대통령들' 때문에 노래하지는 않아. 그보다 대통령이 죽었으면 좋겠어. 아무도 그런 말을 못하겠지만 난 선례를 만들고 새로운 기준을 세우지. 사람들은 그걸 못 참아. 우리가 미국인이란 걸. 우리가 시민이란 걸. 우린 스스로 자신을 보호해야 해."

사건이 이만큼 커지니까 다음날 백악관 경호팀은 바로 수사에 착수했다. 그 부문이 심히 걸린다며 문제 삼은 것이다. 하지만 에미넴 측근은 아직 마무리되지 않은 노래이며 언제 어디서 발표될 지, 혹은 그 노래가 어떻게 사용될 지 여부조차 결정 나지 않았다고 해명했다.

그 외에도 에미넴과 관련된 이슈는 한도 끝도 없다. 정말 그가 이 시대 최고의 '스캔들 광(狂)'이라는 사실에 이견을 달 사람이 누가 있을까. 그의 말썽은 여전히 현재진행형이다.

성난 금발

2003년을 마무리할 즈음 에미넴은 한 권의 책을 불쑥 내놓는다. '성난 금발'이라는 타이틀의 자서전 『앵그리 블론드 *Angry Blonde*』를 출간한 것이다. 그 책에는 그가 곡을 만드는 과정에서 그간 밝히지 않았던 에피소드를 여과 없이 담아냈다. 책을 통해 그는 "처음부터 나의 주요 관심사는 나 자신을 표현하는 것이었다. 그것이 아무리 외설적인 것이라 해도 ……."라고 밝혔다. 또한 음반에 대해서 "난 그저 내면의 분노와 음험한 유머, 고통과 행복 따위를 쏟아 낼 배출구가 필요했을 뿐인데, 정작 음반이 나오자 비평가들이 내 가사를 과잉

분석한 것뿐"이라고 해명하기도 했다.

1집 수록곡 「Role Model」에 대해서 그는 이렇게 얘기한다. "아무 일 없이 어슬렁거리다가 만들게 된 노래다. 나한테 이건 그냥 랩에 불과하다. 노래 뒤에 숨은 메시지는 백 퍼센트 냉소주의다. 난 확실하게 말하고 싶었다. 내가 무슨 같잖은 역할 모델(Role Model)인 양 생각하지 말라……내 앨범은 아동용이 아니다. 언제나 '연소자 청취불가(Parental Advisory)' 딱지가 붙어 있지 않나. 내 앨범을 들으려면 18세 이상이 되어야 한다. 그 말은 연소자들이 그 앨범을 듣지 못한다는 이야기가 아니라 내가 세상 밖의 모든 애들에 대해 책임을 지지 않는다는 이야기다. 난 역할 모델이 아니다. 그렇게 선언한 적도 없다."

에미넴은 학창 시절 자신을 괴롭히던 디안젤로 베일리(D'Angelo Bailey)와의 실화를 바탕으로 한 「Brain Damage」에 관한 이야기도 들려준다. "학교 다닐 때 난 이 가사에 등장하는 놈들에게 괴롭힘을 당했다. 그중 베일리 때문에 뇌진탕으로 거의 죽을 뻔했다. 어느 날 화장실에서 오줌을 누고 있는데 그는 날 미친 듯이 때렸다. 오줌이 다 튈 정도로…….." 훗날 에미넴이 유명해지자 베일리는 그 곡 때문에 자신이 명예훼손을 당했다며 에미넴을 고소하기도 했다. 그러나 결과는 에미넴의 승소로 끝났다.

자서전을 소개하는 글에서 『뉴스위크』지는 "에미넴은 투팍과 비기를 정통적으로 계승했을 뿐만 아니라 팝 역사를 통틀어 논쟁적으로 가장 주목할 만한 아성을 쌓았다."고 극찬했다.

평소에 그는 '건방지다', '예의가 없다' 등 속된 말을 종종 듣는다. 하지만 그는 오히려 당당하다. "난 원래 백인 쓰레기다. 과거의 내 삶이 지금의 나를 만들었다. 내가 하고 싶은 말들은 철저히 음악으로 그려진다. 그냥 그것을 듣고 재미나게 마음껏 즐겨라. 더 이상 거기에 토를 달지 말라."

2001년 2월, 그래미 시상식에서 그는 엘튼 존과 「Stan」을 열창해 화제를 모았다. 왜냐하면 평소 동성애 혐오증(Homophobia)을 강하게 피력하던 그가 실제로 동성애자인 엘튼 존과 한 무대에 섰기 때문이다. 그날 공연을 마친 후 엘튼 존은 에미넴을 호평했다. "난 그의 음악에 대한 열렬한 팬이다……만약 내가 그를 약 1분간 싫어하게 된다면, 내가 그와 같은 음악을 만들 수 없기 때문이다."

에미넴의 반응 또한 재미있다. "내가 음악을 통해 표현하는 것과 실제로 내 자신은 다르다. 평상시 나라는 놈은 슬림 셰이디가 아니라 마샬 매더스다. 상관하지 말라!"

에미넴은 현재 팝계 최고의 슈퍼 스타덤에 오른 우리시대의 영웅이다. 신화 속에 존재하는 전설의 인물을 한 번씩 동경하게 되는 현대인에게 그의 모습은 대리 만족을 선사한다. 역사와 권위의 그래미상 수상 횟수만도 벌써 아홉 차례나 되는 그를 통해 우리는 이제 백인 힙합 거물의 탄생을 조심스레 예측해 볼 수 있다.

가장 상업성 짙은 아티스트라는 불명예에도 불구하고 서구

의 평단으로부터 호의를 얻는 것도 에미넴이 지닌 양면의 힘
이다. 어쩌면 그는 상업주의를 철저히 애용하고 있을지도 모
른다. 마지막 그의 말이 의미심장하다.

"사람들은 왜 레코드도 영화가 될 수 있다는 사실을 직시하
지 못할까? 나의 랩과 영화 사이에 차이점이 있다면 내 것은
스크린에 비쳐지지 않는다는 점뿐이다."

남부 랩의 위상을 드날린 천재 랩 듀오
– 아웃캐스트

아트 힙합의 등장

1999년 2월 로린 힐(Lauryn Hill)은 흑인 여가수 사상 처음으로 그래미상 최고의 영예인 '올해의 앨범'을 수상하는 기염을 토했다. 그리고 5년 뒤 2004년 랩 듀오 아웃캐스트는 남성 힙합 아티스트로는 유일하게 그 상을 거머쥐어 화제를 모았다. 힙합 진영에서 이보다 더 좋은 날이 있었을까? 흑인 가수에게 인색하던 보수적인 그래미 시상식이 어느덧 흑인 여성과 랩 가수의 승리를 인정한 역사적인 사건이었기 때문이다.

아웃캐스트(OutKast)는 네오 소울(neo-soul)을 노래한 로린 힐의 경우와는 달리 랩이 주도하는 온전한 힙합 음반으로 '올

해의 앨범'을 수상했다. 사실 랩 최초의 성과나 마찬가지라 그
날 아웃캐스트가 보여준 수상 장면은 그 의의와 가치가 남달
랐다. 그 값진 결과물의 주인공은 빅 보이(Big Boi)라 불리던
앤트완 패튼(Antwan Patton)과 'Andre 3000'이란 특이한 애칭
을 가진 앙드레 벤자민(Andre Benjamin)이라는 27세의 동갑내
기 청년이었다. 빅 보이는 '올해의 앨범'을 수상한 뒤 "오늘은
힙합 역사에 오래도록 남을 만한 아름다운 장면이 될 것"이라
고 자부심을 드러냈고, 앙드레 또한 "오, 주여! 우리는 '올해의
앨범' 수상을 정말 생각지도 못했어요."라며 흥분을 감추지
못했다.

문제의 작품은 두 장으로 발매된 『Speakerboxxxx/The Love
Below』라는 아웃캐스트의 5집 앨범이다. 2003년 9월 이 음반
은 나오자마자 각종 미디어의 찬사가 뒤따랐고, 대번 그들 듀
오를 최고의 스타덤에 올려놓았다. 『롤링스톤』지는 아웃캐스
트를 '올해의 아티스트'와 '올해의 힙합 아티스트'로 선정했
고, 그들의 5집을 '올해의 앨범'으로 치켜세웠다. 게다가 『타
임』지도 라디오헤드(RadioHead), 스트록스(The Strokes), 화이트
스트라입스(The White Stripes) 등 당대 인기 밴드들의 앨범을
모조리 제치고 당당히 1위로 선정했다. 그들이 유수의 음악
매체로부터 크게 환영받은 이유는 참신한 음악성이 당시 뉴
트렌드를 개척했기 때문이다.

소울, 펑크(funk), 랩, 록, R&B, 테크노, 재즈 등 다양한 장르
와 힙합이 공존하는 기발하고 독특한 편곡은 가히 인상적이었

다. 힙합 역사상 그렇게 다채로운 소리 실험에 애정(?)을 보여준 랩 가수들이 과연 누가 있을까?

팝 관계자들도 음반의 진가를 인정했다. 비평계에서는 매우 경이로운 예술적인 랩 퍼포먼스라는 찬사를 퍼부었고, 그 즈음『롤링스톤』지는 "사이키델릭 펑크 소울 형제"라 평하기도 했다. 빌보드 싱글 차트 1위에 오른 앙드레의「Hey Ya!」와 빅 보이의「The Way You Move」등은 그 무렵 최고의 인기곡이었다. 특히 7주간 1위를 지킨「Hey Ya!」는 특이하게도 랩이 아닌 모던 록과 흡사했다. 하지만 래퍼가 어쿠스틱 기타를 들고 나와 거칠게 노래하는 뚱딴지같은 모습에 대중들은 오히려 더욱 열광했다.

정작 곡의 주인공인 앙드레는 CNN과의 인터뷰에서 "「Hey Ya!」는 록 음악이 아니다. 그 노래는 굉장히 펑키한 요소로 가득하다. 리듬과 비트를 잘 들어봐라. 난 신나고 경쾌한 음악을 만든 것이지 록 음악을 만든 게 아니다."라고 밝혔다. 여전히 래퍼임을 강조한 빅 보이에 비해 앙드레의 음악은 이처럼 그간의 행보와는 전혀 다른 노선을 걷고 있었다. 일종의 랩 가수의 외도(?)라고나 할까. 팬들은 빅 보이와 앙드레가 제각기 따로 작업한 솔로 형식의 음반을 두고 누구 것이 더 좋은 작품인지 따지기도 했다.

전작의 연장선상에서 빅 보이는 더욱 진보적인 사이키델릭한 랩을 선보였고, 앙드레는 랩보다 보컬에 상당량 비중을 둔 재즈와 록 등 엉뚱한 음악으로 시선을 끌었다. 정말 그랬다.

슬로 템포 곡이라도 갑자기 업 비트로 뒤바뀌는가 하면, 힘찬 래핑을 쏟아내다가도 때론 로맨틱한 보컬을 선사하기도 했다.

평소 멤버들은 기발한 발상을 즐긴다는 후문도 전해진다. 일정 패턴을 거부한 색다른 곡의 구성처럼 그 둘은 뭔가 새로움을 추구해야만 직성이 풀리는 미국 신세대들의 전형적인 모델이었다. 기성세대들이 좋아하고 반길 만한 '바른 생활 사나이'는 결코 아니라는 말이다. 빅 보이와 앙드레의 패션 스타일만 봐도 말끔한 차림에서 한껏 벗어나 있다.

아웃캐스트의 인기는 음반 판매량을 통해 고스란히 드러난다. 2004년 2월경 5집은 더블 앨범인데 무려 9백만 장을 팔아치웠다. 불과 6개월 만에 거둬들인 수확이다. 한 장으로 따졌을 경우 1천8백만 장이라는 어마어마한 수량이 나오게 된다. 실로 경이적이다. 상업적인 측면만 놓고 본다면 에미넴 이후로 최고의 힙합 스타는 아웃캐스트라는 사실을 입증한 셈이다.

아웃캐스트는 2001년에도 그래미 어워드에서 '최우수 랩 앨범' 등 2개 부문을 수상한 경력이 있다. 그들의 위상을 글로벌 스타로 끌어올린 4집 『Stankonia』의 스매시 히트 덕택이다. 당시 이 작품을 두고 서구의 평단은 "이색적인 랩 퍼레이드는 마치 맛있는 밥상을 보는 듯하다."며 호평을 내린 바 있다. 막상 랩 가수의 음악이더라도 다양한 장르가 마구 뒤섞였기 때문이다. 그들의 최대 장점도 그것이었다. 힙합을 예술적으로 승화시킨 천재적 음감(音感)이었다.

미안해요 잭슨 부인. 난 진심이었어요. 당신 딸을 슬프게 할 생각은 전혀 없었어요. 수백만 번 사과할게요. 내 애인의 어머니는 날 좋아하지 않았어. 그녀는 남자 친구들을 마치 이웃 아이들처럼 대했지. 법정으로 가면서 나와 싸우려고까지 했어. 그녀가 바라던 부정적인 이득을 조금 얻기도 했지. 나의 집에서 케이블을 끊고 불도 꺼 버렸어. 그녀의 손녀딸은 아직 어리고, 그리고 돈이 전부가 아니라는 걸 알게 해 줄 거야. 개인 교습과 탁아비용, 의료비, 모두 내가 지불하지. 난 네 엄마의 모든 것을 사랑하며 결코 포기해 버리는 사람이 아니라는 걸 알게 해 줄 거야……

5집의 성공으로 다시 한번 아웃캐스트의 시대를 연 그 배경에는 지구촌을 뜨겁게 달군 「Ms. Jackson」의 열풍이 결정적이었다. 세상의 모든 어머니를 위해 바친다는 내용의 그 곡은 차트 1위를 기록했으며, 항간의 루머에 의하면 '잭슨 부인'은 앙드레의 전처였던 여가수 에리카 바두(Erykah Badu)와 관련된 노래라 전해져 더욱 화제를 모았다.

남부의 아이들

아웃캐스트는 그동안 동서 양 진영으로 집중되던 힙합의 헤게모니를 남부 지역으로 이동시켰다. 그들의 출현은 서던 랩(Southern Rap)으로도 불리는 '남부 랩'의 괄목할 만한 성장을 가져왔다. 시기적으로는 세기말이었다. 갱스터 랩의 쇠퇴기 이후에 힙합의 스탠더드로 자리 잡은 남부 지역 더티 사우스(Dirty South)의 부상이다. 그 주역이 남부 출신이라는 점은 당연한 논리이다. 동부 힙합의 중심지가 뉴욕이고 서부가 LA라면 남부의 메카는 애틀랜타였다. 그곳을 중심으로 하는 아웃캐스트와 구디 몹(Goodie Mob), 루다크리스(Ludacris) 외에도 세인트루이스 출신의 넬리와 칭이(Chingy), 켄터키 출신의 내피 루츠(Nappy Roots) 등 제법 많은 남부 랩 가수들이 출현으로, 때아닌 남부 랩의 르네상스가 도래했다.

아웃캐스트는 1992년 애틀랜타에서 패튼과 벤자민이 의기투합하면서 결성됐다. 원래 고교 동창생인 그 둘은 학교를 졸업하면서 팀을 결성해 랩 가수로 음악활동을 시작했다. 그들의 첫 출발은 순탄했다. 흑인음악 레이블로 성공한 '라페이스(LaFace)'와 계약한 후 발매한 첫 싱글 『Player's Ball』은 랩 차트 1위에 올랐고, 특이한 신조어를 제목으로 한 1994년 1집 음반 『Southernplayalisticadillacmuzi』를 필두로 1996년 2집 『ATLiens』, 1998년 3집 『Aquemini』, 그리고 2000년 화제작 『Stankonia』 등 2년 간격으로 앨범을 내놓고 힙합 팬들로부터 절대적인 지지를 받았다.

아웃캐스트의 음악이 1990년대 중반 이후 급격한 침체기에 허덕이던 힙합 필드에서 살아남을 수 있었던 요인은 팝 음악과 크로스오버 색채가 강한 다채로운 랩을 들고 나왔기 때문이다. 그들이 마술같이 변신시키는 소위 '잡식 힙합'은 다양한 장르를 믹스(mix)했기 때문에 매우 컬러풀하다. 도대체 어디로 튈지 모르는 예측 불허의 사운드 스케이프(scape)는 독특하다 못해 신선하기 그지없다. 상상력이 주조해낸 소리 샘은 가히 진보적일 따름이다. 듣고 있노라면 감탄사가 절로 나온다. 그들의 최대 매력은 완벽한 하나의 곡을 만들어 내는 천재적인 프로듀싱 감각이다.

아웃캐스트는 『타임』지와의 인터뷰에서 이렇게 밝힌 적이 있다. "우리는 고교시절부터 드 라 소울을 존경해 왔어요. 우리 음악에 그들의 펑크 정신을 계승하고 싶었죠." 그룹의 음악적 뿌리는 펑크와 소울이다. 비록 남부 출신은 아니더라도 주류 힙합에서 다소 벗어난 얼터너티브 랩(alternative rap)을 선보였던 드 라 소울의 음악이 딱히 그러했다.

아웃캐스트에게 영감을 준 또 다른 선배로는 6인조 랩 그룹 어레스티드 디벨럽먼트(Arrested Development)를 빼놓을 수 없다. 그들은 애틀란타 출신이라 그곳의 랩 태동을 알린 주역이다. 그들의 음악적 사상은 슬라이 앤 더 패밀리 스톤(Sly & The Family Stone)의 후계자임을 자처하고 나선 것에서 비롯된다. 1992년 데뷔작 「3 Years, 5 Months & 2 Days in the Life Of……」를 통해 슬라이 앤 더 패밀리 스톤의 히트곡 「Everyday People」을 샘플링하며 남부 냄새 가득한 「People Everyday」를 내놓았다. 또한 그들로부터 영향 받은 정치적인 메시지를 펑크, 소울, 블루스, 컨트리 같은 다양한 장르로 흡수시켜 새로운 랩 스타일을 개척했다.

어레스티드 디벨럽먼트의 잡종 장르에 대한 해석은 비주류 랩이 발전하는 디딤돌이 되었고, 이후에도 아웃캐스트 등 남부 출신들에게 큰 영향을 끼쳤다. 그 결과 어레스티드 디벨럽먼트는 주류 랩 궤도에 남부 랩의 가치를 확인시키는 데 성공했다. 『롤링스톤』지에서 '올해의 밴드'로 뽑혔고, 그래미 시상식에서 '최우수 신인 아티스트', '최우수 랩 앨범' 등 굵직한 2개 부문을 수상하기도 했다.

아웃캐스트는 2003년 3월 『스핀』지가 선정한 '가장 중요한 팝 아티스트' 랭킹에서 5위를 차지했다. 그들의 위상이 껑충 뛰어오른 셈이다. 그 여세를 몰아 이듬해 2004년 『타임』지가 선정한 '세상에서 가장 영향력 있는 100인'의 리스트에 그들은 여성 재즈 싱어 노라 존스(Norah Jones)와 함께 팝 가수로서 당당히 뽑히기도 했다. 흑인 아티스트로는 유일했다. 그것은 현재 아웃캐스트가 주류 대중문화에 끼친 영향력을 간접적으로 말해 주는 지표이다. 2004년은 분명 그들의 해였다.

현재 색소폰과 클라리넷 레슨을 받고 있다는 앙드레는 이렇게 밝힌다. "우리는 줄리어드에서 클래식 음악을 공부할 계획이에요." 랩 가수이지만 이제는 클래식에 도전하려는 야심에 찬 그들의 포부는 지금의 아웃캐스트를 있게 만든 원동력이었다. 제자리에 멈추지 않고 끊임없이 변화를 추구하고자 하는 그들의 모습이 얼마나 아름다운가.

위대한 힙합 아티스트

펴낸날	초판 1쇄 2004년 12월 30일
	초판 4쇄 2015년 2월 23일

지은이	김정훈
펴낸이	심만수
펴낸곳	(주)살림출판사
출판등록	1989년 11월 1일 제9-210호

주소	경기도 파주시 광인사길 30
전화	031-955-1350 팩스 031-624-1356
기획 · 편집	031-955-4671
홈페이지	http://www.sallimbooks.com
이메일	book@sallimbooks.com

ISBN	978-89-522-0321-2 04080

※ 값은 뒤표지에 있습니다.
※ 잘못 만들어진 책은 구입하신 서점에서 바꾸어 드립니다.

054 재즈 `eBook`

최규용(재즈평론가)

즉흥연주의 대명사, 재즈의 종류와 그 변천사를 한눈에 알 수 있도록 소개한 책. 재즈만이 가지고 있는 매력과 음악을 소개한다. 특히 초기부터 현재까지 재즈의 사조에 따라 변화한 즉흥연주를 중심으로 풍부한 비유를 동원하여 서술했기 때문에 재즈의 역사와 다양한 사조의 특징을 쉽게 이해할 수 있다.

255 비틀스 `eBook`

고영탁(대중음악평론가)

음악 하나로 세상을 정복한 불세출의 록 밴드. 20세기에 가장 큰 충격과 영향을 준 스타 중의 스타! 비틀스는 사람들에게 꿈을 주었고, 많은 젊은이들의 인생을 바꾸었다. 그래서인지 해체한 지 40년이 넘은 지금도 그들은 지구촌 음악팬들의 많은 사랑을 받고 있다. 비틀스의 성장과 발전 모습은 어떠했나? 또 그러한 변동과 정은 비틀스 자신들에게 어떤 의미였나?

422 롤링 스톤즈 `eBook`

김기범(영상 및 정보 기술원)

전설의 록 밴드 '롤링 스톤즈'. 그들의 몸짓 하나하나는 우리가 생각하는 것보다 훨씬 더 탁월한 수준의 음악적 깊이, 전통과 핵심에 충실하려고 애쓴 몸부림의 흔적들이 존재한다. 저자는 '롤링 스톤즈'가 50년 동안 추구해 온 '진짜'의 실체에 다가가기 위해 애쓴다. 결성 50주년을 맞은 지금도 구르기(rolling)를 계속하게 하는 힘. 이 책은 그 '힘'에 관한 이야기다.

127 안토니 가우디 아름다움을 건축한 수도사 `eBook`

손세관(중앙대 건축공학과 교수)

스페인의 세계적인 건축가 가우디의 삶과 건축세계를 소개하는 책. 어느 양식에도 속할 수 없는 독특한 건축세계를 구축하고 자연과 너무나 닮아 있는 건축이 가우디. 이 책은 우리에게 건축물의 설계가 아닌, 아름다움 자체를 건축한 한 명의 수도자를 만나게 해준다.

131 안도 다다오 건축의 누드작가

eBook

임재진(홍익대 건축공학과 교수)

일본이 낳은 불세출의 건축가 안도 다다오! 프로복서와 고졸학력, 독학으로 최고의 건축가 반열에 오른 그의 삶과 건축, 건축철학에 대해 다뤘다. 미를 창조하는 시인, 인간을 감동시키는 휴머니즘, 동양사상과 서양사상의 가치를 조화롭게 빚어낼 줄 아는 건축가 등 그를 따라다니는 수식어의 연원을 밝혀 본다.

207 한옥

eBook

박명덕(동양공전 건축학과 교수)

한옥의 효율성과 과학성을 면밀히 연구하고 있는 책. 한옥은 주위의 경관요소를 거스르지 않는 곳에 짓되 그곳에서 나오는 재료를 사용하여 그곳의 지세에 맞도록 지었다. 저자는 한옥에서 대들보나 서까래를 쓸 때에도 인공을 가하지 않는 재료를 사용하여 언뜻 보기에는 완결미가 부족한 듯하지만 실제는 그 이상의 치밀함이 들어 있다고 말한다.

114 그리스 미술 이야기

eBook

노성두(이화여대 책임연구원)

서양 미술의 기원을 추적하다 보면 반드시 도달하게 되는 출발점인 그리스의 미술. 이 책은 바로 우리 시대의 탁월한 이야기꾼인 미술사학자 노성두가 그리스 미술에 얽힌 다양한 이야기를 재미있게 풀어놓은 이야기보따리이다. 미술의 사회적 배경과 이론적 뿌리를 더듬어 감상과 해석의 실마리에 접근하는 또 다른 시각을 제공하는 책.

382 이슬람 예술

eBook

전완경(부산외대 아랍어과 교수)

이슬람 예술은 중국을 제외하고 가장 긴 역사를 지닌 전 세계에 가장 널리 분포된 예술이 세계적인 예술이다. 이 책은 이슬람 예술을 장르별, 시대별로 다룬 입문서로 이슬람 문명의 기반이 된 페르시아·지중해·인도·중국 등의 문명과 이슬람교가 융합하여 미술, 건축, 음악이라는 분야에서 어떻게 표현되었는지 설명한다.

417 20세기의 위대한 지휘자 `eBook`

김문경(변리사)

뜨거운 삶과 음악을 동시에 끌어안았던 위대한 지휘자들 중 스무 명을 엄선해 그들의 음악관과 스타일, 성장과정을 재조명한 책. 전문 음악칼럼니스트인 저자의 추천음반이 함께 수록되어 있어 클래식 길잡이로서의 역할도 톡톡히 한다. 특히 각 지휘자들의 감각 있고 개성 있는 해석 스타일을 묘사한 부분은 이 책의 백미다.

164 영화음악 불멸의 사운드트랙 이야기 `eBook`

박신영(프리랜서 작가)

영화음악 감상에 필요한 기초 지식, 불멸의 영화음악, 자신만의 세계를 인정받는 영화음악인들에 대한 이야기를 담았다. 〈시네마천국〉〈사운드 오브 뮤직〉 같은 고전은 물론, 〈아멜리에〉〈봄날은 간다〉〈카우보이 비밥〉 등 숨겨진 보석 같은 영화음악도 소개한다. 조성우, 엔니오 모리꼬네, 대니 앨프먼 등 거장들의 음악세계도 엿볼 수 있다.

440 발레 `eBook`

김도윤(프리랜서 통번역가)

〈로미오와 줄리엣〉과 〈잠자는 숲속의 미녀〉는 발레 무대에 흔히 오르는 작품 중 하나다. 그런데 왜 '발레'라는 장르만 생소하게 느껴지는 것일까? 저자는 그 배경에 '고급예술'이라는 오해, 난해한 공연 장르라는 선입견이 존재한다고 지적한다. 저자는 일단 발레라는 예술 장르가 주는 감동의 깊이를 경험하기 위해 문 밖을 나서길 원한다.

194 미야자키 하야오 `eBook`

김윤아(건국대 강사)

미야자키 하야오의 최근 대표작을 통해 일본의 신화와 그 이면을 소개한 책. 〈원령공주〉〈센과 치히로의 행방불명〉〈하울의 움직이는 성〉이 사랑받은 이유는 이 작품들이 가장 보편적이면서도 가장 일본적인 신화이기 때문이다. 신화의 세계를 미야자키 하야오의 작품과 다양한 측면으로 연결시키면서 그의 작품세계의 특성을 밝힌다.

eBook 표시가 되어있는 도서는 전자책으로 구매가 가능합니다.

(주)살림출판사

www.sallimbooks.com
주소 경기도 파주시 문발동 522-1 | 전화 031-955-1350 | 팩스 031-955-1355